원활한 커뮤니케이션을 목표로 하여 일본어 학습의 첫 걸음을 떼는 초보 학습자를 위한 교재

NEW Campus Japanese for a communication Level 1

NEW 커뮤니케이션을 위한
캠퍼스 일본어
Level 1

공저 윤상실 · 오찬욱 · 미야자키 사토코

MP3 무료다운로드서비스
www.jncbook.co.kr

히라가나

あa	いi	うu	えe	おo
かka	きki	くku	けke	こko
さsa	しshi	すsu	せse	そso
たta	ちchi	つtsu	てte	とto
なna	にni	ぬnu	ねne	のno
はha	ひhi	ふhu	へhe	ほho
まma	みmi	むmu	めme	もmo
やya		ゆyu		よyo
らra	りri	るru	れre	ろro
わwa				をo
んN				

가타카나

ア a	イ i	ウ u	エ e	オ o
カ ka	キ ki	ク ku	ケ ke	コ ko
サ sa	シ shi	ス su	セ se	ソ so
タ ta	チ chi	ツ tsu	テ te	ト to
ナ na	ニ ni	ヌ nu	ネ ne	ノ no
ハ ha	ヒ hi	フ hu	ヘ he	ホ ho
マ ma	ミ mi	ム mu	メ me	モ mo
ヤ ya		ユ yu		ヨ yo
ラ ra	リ ri	ル ru	レ re	ロ ro
ワ wa				ヲ o
ン N				

NEW 커뮤니케이션을 위한 캠퍼스 일본어 Level 1

머리말

　세계화 국제화 시대를 살아가는 우리들에게 이문화권의 이해를 위한 외국어 학습은 필수적이 된 것 같습니다. 특히 우리나라와의 지리적, 역사적 관계에서 일본의 언어, 문화, 사회 등에 관한 관심은 더욱 증대되고 있다고 할 수 있습니다.
　10여년 전 부터 시작된 일본 대중문화 개방이라는 시류 속에서 최근에는 일본 드라마, 애니메이션, 영화, 음반 등 다양한 매체를 접하고 즐기는 층이 많아지고, 그에 따른 일본어 사용과 이해에 대한 열망이 커지고 있는 것 또한 사실입니다.

　일본어에 대한 개개인의 학습 목적이 다양해짐에 따라 학습 방법과 교재 또한 다양하게 추구되고 있습니다. 본서는 현행의 외국어 학습이 일반적으로 추구하는 원활한 커뮤니케이션을 목표로 하여 일본어 학습의 첫 걸음을 띠는 초보 학습자를 위한 교재입니다.

　우선 본문의 [Part1][Part2]에 실생활에서 자주 맞닥뜨리게 될 친근한 화제를 들어 장면과 상황에 알맞은 대화체의 내용을 담았습니다. 본문 중에서 꼭 익혀야할 [표현연습]과 관련 [문법포인트 해설]을 실어 주요 문형과 문법을 익히고, 예습 복습에도 활용할 수 있도록 했습니다. [연습문제]를 통해 다시 한 번 각 과에서 익힌 내용의 확인이 가능하며, [일본문화산책] 코너에서는 언어와 뗄래야 뗄 수 없는 관계에 있는 문화적 시점에서 일본을 바라보고 일본의 이미지를 만들어 가는데 필요한 상식을 얻을 수 있을 것으로 생각합니다. 본서가 부디 일본어 학습 첫걸음을 내딛고자 하는 학습자 여러분들의 동기 부여와 학습의욕 증진에 일조할 수 있기를 기대하는 바입니다.

　마지막으로 본서가 나오기까지 많은 도움을 주신 이지현(유한대 강사)선생과 제이앤씨 관계자 여러분께도 감사의 뜻을 전하고 싶습니다.

2009년 1월
저자 일동

NEW 커뮤니케이션을 위한 캠퍼스 일본어 Level 1

Contents

머리말 … 03

제1과	일본어의 문자와 발음	07
제2과	どうぞよろしく	21
제3과	これは韓国のお餅です	33
제4과	ボールペンはありますか	45
제5과	僕の誕生日は、12月24日です	59
제6과	キムチチゲがおいしいです	73
제7과	日本の歌が上手ですね	87
제8과	たいてい、外で食べます	99
제9과	週末は何をしましたか	111
제10과	いっしょに参加しませんか	123
제11과	今、グラウンドでサッカーをしているんです	135
제12과	ミュージカルを見たことがありますか	145

본문·표현연습 해석 … 155
연습문제 정답 … 171

제1과

일본어의 문자와 발음

제1과 | 일본어의 문자와 발음

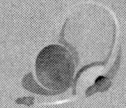

현재 일본어에서 주로 사용되는 문자로는 일본 고유의 문자인 가나(仮名)와 한자(漢字)가 있으며 경우에 따라서는 로마자와 아라비아 숫자 등이 사용되기도 한다.

こ ど も　110　番
①　　　　　⑤　　③

ス ピ ー ド　洗 濯 ・ 乾 燥
　　②　　　　　③　　　③

乾 燥 だ け の ご 利 用 も OK
③　　①　　　　③　①　④

防 犯 カ メ ラ 作 動 中 SAFETY
③　　②　　　③　　　④

(단, ①히라가나 ②가타카나 ③한자 ④로마자 ⑤아라비아숫자)

1 가나(仮名)

 가나에는 히라가나(平仮名)와 가타카나(片仮名)가 있는데, 히라가나는 한자의 초서체를 간략화하여 만들어진 것이며 가타카나는 한자의 자획을 생략한 것으로 양쪽 모두 한자에서 유래한다. 가타카나가 현대에 와서는 외래어나 의성어·의태어, 동식물명, 전보문, 강조부분 등을 표기하는데 사용되는 반면에 히라가나는 그 밖의 경우에 한자와 함께 폭넓게 사용되고 있다.
 가나의 문자체계는 5개의 모음과 10개의 자음이 결합되어 이루어진 청음(清音)의 50음도(五十音図)를 기본으로 한다. 현대에 이르러 이 중 5개의 문자가 사용되지 않음으로서 정확하게는 「ん」을 포함하여 46개의 문자체계표를 구성한다. 여기에 20개의 탁음(濁音)과 5개의 반탁음(半濁音), 그리고 복합음인 33개의 요음(拗音)이 파생된다. 또한 특수음인 발음(撥音)과 촉음(促音), 5개의 장음(長音)을 합하면 약 110개의 음절수를 갖는다.

1) 청음(清音)

 5개의 모음(a, i, u, e, o)과 10개의 자음(ø, k, s, t, n, h, m, y, r, w)이 결합하여 문자를 이룬다. 이 중 あ행의 「あ, い, う, え, お」는 자음이 제로(ø)음가이기 때문에 모음만으로 이루어진 문자라 할 수 있다. 모음이 동일한 가로계열을 「단(段)」이라 하고 자음이 동일한 세로계열을 「행(行)」이라 한다.

히라가나 청음

단\행	あ [Ø]	か [k]	さ [s]	た [t]	な [n]	は [h]	ま [m]	や [y]	ら [r]	わ [w]
あ [a]	あ a	か ka	さ sa	た ta	な na	は ha	ま ma	や ya	ら ra	わ wa
い [i]	い i	き ki	し shi	ち chi	に ni	ひ hi	み mi		り ri	
う [u]	う u	く ku	す su	つ tsu	ぬ nu	ふ hu	む mu	ゆ yu	る ru	
え [e]	え e	け ke	せ se	て te	ね ne	へ he	め me		れ re	
お [o]	お o	こ ko	そ so	と to	の no	ほ ho	も mo	よ yo	ろ ro	を o
										ん N

 가타카나 청음

단\행	ア [Ø]	カ [k]	サ [s]	タ [t]	ナ [n]	ハ [h]	マ [m]	ヤ [y]	ラ [r]	ワ [w]
ア [a]	ア a	カ ka	サ sa	タ ta	ナ na	ハ ha	マ ma	ヤ ya	ラ ra	ワ wa
イ [i]	イ i	キ ki	シ shi	チ chi	ニ ni	ヒ hi	ミ mi		リ ri	
ウ [u]	ウ u	ク ku	ス su	ツ tsu	ヌ nu	フ hu	ム mu	ユ yu	ル ru	
エ [e]	エ e	ケ ke	セ se	テ te	ネ ne	ヘ he	メ me		レ re	
オ [o]	オ o	コ ko	ソ so	ト to	ノ no	ホ ho	モ mo	ヨ yo	ロ ro	ヲ o
										ン N

청음 중 현대에 이르러 규칙에서 벗어난 발음을 가진 문자로는 표에서 음영 처리한 ち(ti → chi), つ(tu → tsu), を(wo → o)가 있다.

2) 탁음(濁音), 반탁음(半濁音)

　탁음은「か・さ・た・は」행의「청음」과 혀의 위치는 같으나 성대를 울려내는 유성음으로 글자 오른쪽 위에 탁점(ﾞ)을 찍어 나타내는「が・ざ・だ・ば」행 음이 해당된다. 또한 반탁음은 입술을 벌려 소리를 내되, 성대를 울리지 않는 무성음으로 글자 오른쪽 위에 반탁점(ﾟ)을 찍어 나타내는「ぱ」행 음이 해당된다.

 히라가나 탁음, 반탁음　　　　 가타카나 탁음, 반탁음

행\단	탁음				반탁음
	が [g]	ざ [z]	だ [d]	ば [b]	ぱ [p]
あ [a]	が ga	ざ za	だ da	ば ba	ぱ pa
い [i]	ぎ gi	じ zi	ぢ zi	び bi	ぴ pi
う [i]	ぐ gu	ず zu	づ zu	ぶ bu	ぷ pu
え [e]	げ ge	ぜ ze	で de	べ be	ぺ pe
お [o]	ご go	ぞ zo	ど do	ぼ bo	ぽ po

행\단	탁음				반탁음
	ガ [g]	ザ [z]	ダ [d]	バ [b]	パ [p]
ア [a]	ガ ga	ザ za	ダ da	バ ba	パ pa
イ [i]	ギ gi	ジ zi	ヂ zi	ビ bi	ピ pi
ウ [u]	グ gu	ズ zu	ヅ zu	ブ bu	プ pu
エ [e]	ゲ ge	ゼ ze	デ de	ベ be	ペ pe
オ [o]	ゴ go	ゾ zo	ド do	ボ bo	ポ po

　탁음 중 현대에 이르러 규칙에서 벗어난 발음을 하는 문자로는 표에서 음영 처리한 ぢ(di → zi), づ(du → zu)가 있다.

3) 요음(拗音)

イ단음 중「き, ぎ, し, じ, ち, ぢ, に, ひ, び, ぴ, み, り」에 반자음 [y]가 붙고 [a] [u] [o]모음과 조합하여 발음되는 1음절의 문자이다. 표기시에는「きゃ, きゅ, きょ」와 같이「や, ゆ, よ」를 앞 글자에 작게 붙여 쓴다.

 히라가나 요음

행 단	か [ky]	さ [sy]	た [ty]	な [ny]	は [hy]	ま [my]	ら [ry]	が [gy]	ざ [za]	だ [dy]	ば [by]	ぱ [py]
あ [a]	きゃ	しゃ	ちゃ	にゃ	ひゃ	みゃ	りゃ	ぎゃ	じゃ	ぢゃ	びゃ	ぴゃ
	kya	sya	cha	nya	hya	mya	rya	gya	zya	zya	bya	pya
う [u]	きゅ	しゅ	ちゅ	にゅ	ひゅ	みゅ	りゅ	ぎゅ	じゅ	ぢゅ	びゅ	ぴゅ
	kyu	syu	chu	nyu	hyu	myu	ryu	gyu	zyu	zyu	byu	pyu
お [o]	きょ	しょ	ちょ	にょ	ひょ	みょ	りょ	ぎょ	じょ	ぢょ	びょ	ぴょ
	kyo	syo	cho	nyo	hyo	myo	ryo	gyo	zyo	zyo	byo	pyo

 가타카나 요음

행 단	カ [ky]	サ [sy]	タ [ty]	ナ [ny]	ハ [hy]	マ [my]	ラ [ry]	ガ [gy]	ザ [zya]	ダ [dy]	バ [by]	パ [py]
ア [a]	キャ	シャ	チャ	ニャ	ヒャ	ミャ	リャ	ギャ	ジャ	ヂャ	ビャ	ピャ
	kya	sya	cha	nya	hya	mya	rya	gya	zya	zya	bya	pya
ウ [u]	キュ	シュ	チュ	ニュ	ヒュ	ミュ	リュ	ギュ	ジュ	ヂュ	ビュ	ピュ
	kyu	syu	chu	nyu	hyu	myu	ryu	gyu	zyu	zyu	byu	pyu
オ [o]	キョ	ショ	チョ	ニョ	ヒョ	ミョ	リョ	ギョ	ジョ	ヂョ	ビョ	ピョ
	kyo	syo	cho	nyo	hyo	myo	ryo	gyo	zyo	zyo	byo	pyo

유음 중 현대에 이르러 규칙에서 벗어나 발음을 하는 문자로는 표에서 음영 처리한 ちゃ, ちゅ, ちょ(tya/tyu/tyo → cha/chu/cho), ぢゃ, ぢゅ, ぢょ(dya/dyu/dyo → zya/zyu/zyo)가 있다.

4) 촉음(促音)

일본어의 촉음(っ)은 우리말의 받침 「ㄱ, ㅅ, ㄷ, ㅂ」의 역할을 하는 음으로 뒤에 오는 문자의 발음에 동화되어 [k][s][t][p]로 발음된다. 특히 한 박자(1拍)를 충분히 끌어 주어야 한다.

❶ か행자음 [k] 앞에서는 [k]로 발음된다.

いっかい [ikkai] 1층

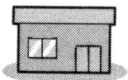

がっこう [gakko:] 학교

❷ さ행자음 [s] 앞에서는 [s]로 발음된다.

いっさい [issai] 일체

はっそう [hasso:] 발송

❸ た행자음 [t] 앞에서는 [t]로 발음된다.

いったい [ittai] 도대체

きって [kitte] 우표

❹ ば행자음 [p] 앞에서는 [p]로 발음된다.

いっぱい [ippai] 한잔

きっぷ [kippu] 표

5) 발음(撥音)

일본어의 발음(ん)은 우리말의 받침 중 「ㅁ, ㄴ, ㅇ」에 해당되는 발음으로, 뒤에 오는 문자의 발음에 동화되어 [m] [n] [ŋ] [N] 등으로 발음되며 한 박자를 취한다. 이 중 「N」은 우리말의 받침 「ㅇ」에 가까우나 좀 더 목 안쪽에서 나는 소리이다.

❶ [m](ま행), [b](ば행), [p](ぱ행) 발음 앞에서는 [m]으로 발음된다.

まんまるい [mammarui] 동그랗다

しんぶん [shimbuN] 신문

さんぽ [sampo] 산책

❷ [z](ざ행), [t](た행), [d](だ행), [n](な행), [r](ら행) 발음 앞에서는 [n]으로 발음된다.

あんず [anzu] 살구

ぐんたい [guntai] 군대

もんだい [mondai] 문제

まんなか [mannaka] 한가운데

べんり [benri] 편리

❸ [k](か행), [g](が행) 발음 앞에서는 [ŋ]으로 발음된다.

ぎんこう [giŋko:] 은행

さんがい [saŋgai] 3층

❹ 어말의 「ん」과 [a](あ행), [y](や행), [w](わ행) 등의 발음 앞에서는 [N]으로 발음된다.

かんこくじん [kaŋkokuʒiN] 한국인

れんあい [reNai] 연애

ほんやく [hoNjaku] 번역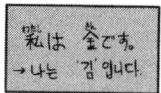

でんわ [deNwa] 전화

6) 장음(長音)

장음은 앞에 오는 모음을 한 박자분 계속해서 발음하는 음이다. 우리말은 장단음의 차이를 표기하지 않으나 일본어는 구별하여 표기하고 그 차이가 의미를 변별하므로 주의를 요한다. 단, 가타카나 표기에서는 장음부호「ー」로 표시한다.

❶ [a](あ단) 발음 다음에 「あ」가 올 경우는 [aː]로 발음된다.

おばあさん [obaːsaN] 할머니

サッカー [sakkaː] 축구

cf. おばさん [obasaN] 아주머니

❷ [i](い단) 발음 다음에 「い」가 올 경우는 [iː]로 발음된다.

おじいさん [oʒiːsaN] 할아버지

スキー [skiː] 스키

cf. おじさん [oʒisaN] 아저씨

❸ [u](う단)발음 다음에 「う」가 올 경우는 [u:]로 발음된다.

すうじ [su:ʒi] 숫자   ニュース [nju:su] 뉴스

❹ [e](え단)발음 다음에 「え」가 올 경우는 [e:]로 발음된다.

おねえさん [one:saN] 누나, 언니   エレベーター [erebe:ta:] 엘리베이터

한자어의 경우, [e](え단)발음 다음에 「い」가 올 경우는 [e:]로 발음된다.

せんせい [sense:] 선생님

❺ [o](お단)발음 다음에 「う」가 올 경우는 [o:]로 발음된다.

おとうさん [oto:saN] 아버지   ノート [no:to] 노트

그 밖에, [o](お단)발음 다음에 「お」가 올 경우에도 [o:]로 발음된다.

とおい [to:i] 멀다

2 한자(漢子)

우리말에서 한자의 사용은 임의적이지만 일본어에서는 필수적으로 매우 중요한 역할을 한다. 띄어쓰기를 하지 않는 일본어에서는 한자를 사용함으로써 의미 파악이 용이해진다.

わたしはだいがくのいちねんせいです。
私は大学の一年生です。

특히 약자체(「大学」)를 사용하는 점에서 정자체(「大學」)를 사용하는 우리말 속의 한자와는 다르다. 읽는 방법으로는 중국어의 원음에 따른 「음독(音読)」과 한자의 뜻으로 읽는 「훈독(訓読)」이 있다. 우리말에는 일부를 제외하고는 대부분 한 자당 하나의 읽기가 있지만, 일본어의 경우는 여러 개인 경우가 많다.

大　ダイ　タイ　おお
学　ガク　まなぶ

연습문제

 1. 다음 각 단(段)의 빈 칸에 들어갈 히라가나를 적어 넣으세요.

① [か ( ) く け こ]

② [ら り る れ ( )]

③ [さ し す ( ) そ]

④ [( ) に ぬ ね の]

⑤ [だ ぢ ( ) で ど]

 2. 다음 각 단(段)의 빈 칸에 들어갈 가타카나를 적어 넣으세요.

① [パ ピ ( ) ペ ポ]

② [ナ ニ ( ) ネ ノ]

③ [( ) イ ウ エ オ]

④ [マ ( ) ム メ モ]

⑤ [ガ ギ グ ゲ ( )]

3. 히라가나와 가타카나가 발음이 같은 것끼리 짝지어진 것은 O, 다른 것끼리 짝지어진 것은 ×를 넣으세요.

① ら-ラ (   )   ② お-ヲ (   )   ③ そ-ソ (   )

④ ね-ネ (   )   ⑤ も-ホ (   )   ⑥ し-ツ (   )

⑦ ぬ-フ (   )   ⑧ い-イ (   )   ⑨ きゅ-キュ (   )

⑩ く-ク (   )   ⑪ れ-レ (   )   ⑫ ん-シ (   )

⑬ ふ-メ (   )   ⑭ ち-テ (   )   ⑮ しゃ-ショ (   )

4. 다음 단어를 가타카나로 바꾸세요.

① こーひー (   )   ② らじお (   )

③ てれび (   )   ④ そうる (   )

⑤ あめりか (   )   ⑥ じゅーす (   )

⑦ きむち (   )   ⑧ ぼーるぺん (   )

⑨ でぱーと (   )   ⑩ こんぴゅーたー (   )

NEW 커뮤니케이션을 위한 캠퍼스 일본어 Level 1

제2과

どうぞよろしく

잘 부탁드립니다.

제2과 | どうぞよろしく
잘 부탁드립니다.

Part 1

木村(きむら)：はじめまして。私(わたし)は木村孝太(こうた)です。

李(イ)：はじめまして。李允美(イユンミ)です。

木村：どうぞよろしくお願(ねが)いします。

李：こちらこそ、どうぞよろしく。

木村：あのう、李さんの専攻(せんこう)は英語(えいご)ですか。

李：いいえ、英語ではありません。日本語(にほんご)です。
木村さんの専攻は何(なん)ですか。

木村：私の専攻は歴史(れきし)です。

어휘					
はじめまして	처음 뵙겠습니다	私(わたし)	나, 저	~は	~은/는
~です	~입니다	どうぞよろしく	부디 잘 (부탁드립니다)	お願(ねが)いします	부탁드립니다
こちらこそ	저야말로	あのう	저	~さん	~씨
~の	~의	専攻(せんこう)	전공	英語(えいご)	영어
~ですか	~입니까	いいえ	아니요	~ではありません	~이/가 아닙니다
日本語(にほんご)	일본어	何(なに, なん)	무엇	歴史(れきし)	역사

李　：こんにちは。

木村：こんにちは。

李　：木村さん、こちらは金泰宇さんです。
　　　生命工学科の1年生で、私の友達です。

金　：はじめまして、金です。どうぞよろしく。

木村：留学生の木村です。どうぞよろしく。

＊　＊　＊

金　：木村さんの趣味は何ですか。

木村：私の趣味は、サッカーです。

金　：あ、私の趣味もサッカーです。

木村：あ、そうですか！

어휘							
こんにちは	안녕하세요	こちら	이쪽	生命工学科(せいめいこうがくか)	생명공학과		
1年生(いちねんせい)	1학년	～で	～이고	友達(ともだち)	친구		
留学生(りゅうがくせい)	유학생	趣味(しゅみ)	취미	サッカー	축구	～も	～도
そうですか	그렇습니까						

표현연습 practice

Part 1

1　～は ～です

① 私は木村孝太です。
② 私は大学生です。
③ 木村さんは留学生です。

2　～は ～ではありません

① 専攻は英語ではありません。
② 私は日本人ではありません。
③ 私は学生ではありません。

3　～は ～ですか

① 専攻は英語ですか。
② 木村さんは留学生ですか。
③ 陳さんは中国人ですか。

4　～の ～

① 私の専攻は歴史です。
② 金さんの趣味はサッカーです。
③ 伊藤さんは私の友達です。

Part 2

5 ～で、～です

① 生命工学科の1年生で、私の友達です。
② 日本人で、留学生です。
③ 英文科(えいぶんか)の3年生で、崔(チェ)さんの先輩(せんぱい)です。

6 ～の ～

① 留学生の木村です。
② 友達の金さんです。
③ 先輩の朴さんです。

7 ～も ～です

① 私の趣味もサッカーです。
② 金さんも1年生です。
③ 田中(たなか)さんも留学生です。

어휘	大学生(だいがくせい) 대학생	日本人(にほんじん) 일본인	中国人(ちゅうごくじん) 중국인
	英文科(えいぶんか) 영문과	先輩(せんぱい) 선배	

문법포인트 해설

❶ ～は ～です(か)

조사로 사용되는 「は」는 [wa]로 발음하는데, 우리말의 「은/는」에 해당된다. 정중한 단정을 나타내는 「です」와 함께 쓰여 「～は ～です(～은 ~입니다)」라는 표현이 되어, 「は」 앞에 든 주제에 대한 설명을 할 때 사용한다.

　　私(わたし)は 木村孝太(きむらこうた)です。　저는 기무라 코타입니다.

종조사 「か」를 붙여 「～は ～ですか(~은 ~입니까?)」와 같이 의문문을 만들 수 있다.

　　李さんの 専攻(せんこう)は 英語(えいご)ですか。　이윤미씨의 전공은 영어입니까?

❷ ～は ～ではありません

「～ではありません」은 「～です」의 부정형으로 「～이/가 아닙니다」의 뜻이 된다.

　　いいえ、英語ではありません。　아니요, 영어가 아닙니다.

❸ ～の ～

우리말의 「～의」에 해당되는 조사로 소유·소속이나 앞의 명사와 관련된 사항 등을 나타낸다. 우리말과는 달리 일본어에서의 명사와 명사는 반드시 「～の」로 연결된다.

　　私の 専攻は 歴史(れきし)です。　제 전공은 역사입니다.

❹ こんにちは

낮에 하는 인사말로 「안녕하세요?」라는 표현이다. 아침에는 「おはよう(ございます)」, 저녁에는 「こんばんは」라고 한다.

❺ (～は) ～で、～です

명사류를 술어로 하는 두 문장을 하나의 문장으로 연결시킬 때 사용한다. 「(～은) ～이고, ～입니다」

(金^{キム}さんは) 生命工学科の1年生で、私の友達です。
(김태우씨는) 생명공학과 1학년이고, 제 친구에요.

❻ ～の～ (同格)

「の」에는 여러 용법이 있는데, 여기서는 「の」의 앞뒤 명사가 동일한 것(자격)을 나타내는 동격(同格)의 용법이다.

留学生の木村です。　유학생(인) 기무라입니다.

❼ ～も

우리말의 「～도」에 해당되는 조사로 그밖에도 비슷한 것(同類)이 있음을 나타낸다. 예를 들면 다음 예에서는 축구가 취미인 다른 사람이 있음을 알 수 있다.

私の趣味もサッカーです。　제 취미도 축구입니다.

연습문제

1. 다음 단어를 각각 한자는 히라가나로, 히라가나는 한자로 바꾸세요.

① 私 (　　　　)　② 専攻 (　　　　)

③ 歴史 (　　　　)　④ 日本語 (　　　　)

⑤ 趣味 (　　　　)　⑥ えいご (　　　　)

⑦ がくせい (　　　　)　⑧ ともだち (　　　　)

⑨ がっか (　　　　)　⑩ いちねんせい (　　　　)

2. 다음 보기와 같이 문장을 만드세요.

> 보기
> 私 / 朴
> ➡ 私は朴です。

① こちら / 木村さん
➡ _____

② 金さん / 1年生
➡ _____

③ 陳さん / 中国人
➡ _____

3. 다음 보기와 같이 문장을 만드세요.

> **보기**
>
> 李さんは韓国人ですか。(韓国人)
> ➡ <u>はい、韓国人です</u>。
> 専攻は英語ですか。(日本語)
> ➡ <u>いいえ、英語ではありません。日本語です</u>。

❶ 木村さんは大学生ですか。(大学生)

➡ _____

❷ 金さんは2年生ですか。(1年生)

➡ _____

❸ 趣味はサッカーですか。(サッカー)

➡ _____

❹ 専攻はコンピューターですか。(生命工学)

➡ _____

4. 다음 우리말 문장을 일본어로 작문하세요.

① 처음 뵙겠습니다. 저는 ○○○입니다. (자신의 이름으로 답하세요.)

➡ _____

② 저야말로 부디 잘 부탁드립니다.

➡ _____

③ 제 전공은 일본어가 아닙니다.

➡ _____

기모노(着物)

일본문화산책 日本文化散策

着る(입다)와 もの(물건)가 합쳐진 말로써 원래는 입는 옷 전체를 의미했으나 서양에서 양복이 들어오자 이와 구분하기 위해 전통의상을 의미하는 말로 쓰이고 있다. 특히 전통의상을 지칭하기 위해서는 일본의 옷이라는 의미의 '和服'란 말이 사용되기도 한다.

기모노는 성별과 결혼 여부에 따라 다양한 종류가 있다. 우선 남성용으로는 등과 양 소매 뒤쪽, 양 가슴 부분에 가문(家紋)이 들어가는 '紋付き'라는 정장이 있는데 주로 경조사 때 착용하고 그 밖에 온천에서나 축제 때 입는 '浴衣'와 평상복인 '甚平' 등이 있다.

여성용으로는, 기혼여성이 경조사 때 입는 '留袖'라는 정장과 남의 결혼식이나 파티 때 입는 '訪問着' 등이 있고, 미혼여성은 소매가 긴 '振袖'를 입는다.

訪問着

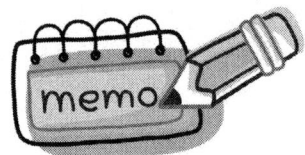

제3과

これは韓国のお餅です

이건 한국 떡입니다.

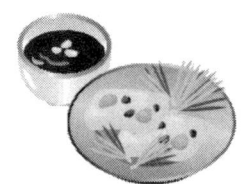

이건 한국 떡입니다.

제3과 | これは韓国のお餅です

Part 1

木村：李さん、それは何ですか。

李　：これは、韓国のお餅です。

木村：これも韓国のですか。

李　：ええ、そうです。それは水正果と五味子茶です。
　　　どうぞ。

木村：どうもありがとう。いただきます。
　　　ところで、サークルルームはどちらですか。

李　：こちらです。

それ 그것	これ 이것	韓国(かんこく) 한국	お餅(もち) 떡	～の ～의 것
ええ、そうです 네, 그렇습니다		水正果(スジョングァ) 수정과	～と ～와/과	
五味子茶(オミジャチャ) 오미자차		どうぞ (상대방에게 무엇을 권하거나 허락할 때) 드세요, 부디, 자, 그러세요		
どうも 정말, 매우	ありがとう 고마워요		いただきます 잘 먹겠습니다	
ところで 그런데	サークルルーム 동아리방		どちら 어느 쪽, 어디	こちら 이쪽

Part 2

木村：ここは、何ですか。

李　：ここは、日本語学科のゼミ室です。隣は事務室です。

＊　＊　＊

伊藤：すみません、バス停はどこですか。

金　：バス停は、あの建物の後ろです。

伊藤：ありがとうございます。

어휘		
ここ 여기	日本語学科(にほんごがっか) 일본어학과	ゼミ室(しつ) 세미나실
隣(となり) 옆, 이웃	事務室(じむしつ) 사무실	すみません 미안합니다, 실례합니다
バス停(てい) 버스정류장, バス停留場(ていりゅうじょう)의 준말	どこ 어디	あの 저
建物(たてもの) 건물　後(うし)ろ 뒤	ありがとうございます 고맙습니다	

표현연습  practice

Part 1

1 (これ/それ/あれ)は 何ですか
　⇨ (それ/これ/あれ)は ～です

① それは何ですか。
⇨ これは韓国のお餅です。
② これは何ですか。
⇨ それは日本の納豆(なっとう)です。
③ あれは何ですか。
⇨ あれはモノレールです。

2 ～と ～

① それは水正果と五味子茶です。
② これは友達のかばんと傘(かさ)です。
③ あれは札幌(さっぽろ)の道庁(どうちょう)と時計台(とけいだい)の写真(しゃしん)です。

3 ～のですか

① これも韓国のですか。
② それは誰(だれ)のですか。
③ あれも亨さんのですか。

4　～は どちらですか ⇨ (こちら/そちら/あちら)です

① お手洗いはどちらですか。　　　⇨　こちらです。
② 雑誌コーナーはどちらですか。　⇨　そちらです。
③ 学生食堂はどちらですか。　　　⇨　あちらです。

Part 2

5　～は どこですか ⇨ ～の ～です

① バス停はどこですか。
⇨ あの建物の後ろです。
② 売店はどこですか。
⇨ この建物の3階です。
③ ゼミ室はどこですか。
⇨ 事務室の隣です。

6　(ここ/そこ/あそこ)は 何ですか
　　⇨ (ここ/そこ/あそこ)は ～です

① ここは何ですか。　⇨　ここはゼミ室です。
② そこは何ですか。　⇨　そこはコピー室です。
③ あそこは何ですか。⇨　あそこは日本語学科の事務室です。

어휘					
あれ 저것, 그것	納豆(なっとう) 낫토	モノレール 모노레일	かばん 가방		
傘(かさ) 우산	札幌(さっぽろ) 삿포로	道庁(どうちょう) 도청	北海道庁(ほっかいどうちょう)의 준말		
時計台(とけいだい) 시계탑	写真(しゃしん) 사진	誰(だれ) 누구	お手洗い(てあらい) 화장실		
雑誌(ざっし) 잡지	コーナー 코너	そちら 그쪽, 그곳	学生(がくせい) 학생		
食堂(しょくどう) 식당	あちら 저쪽, 저기	～階(かい/がい) ～층	そこ 거기, 그곳		
コピー室(しつ) 복사실	あそこ 저기, 저곳	売店(ばいてん) 매점			

第3과　これは韓国のお餅です

문법포인트 해설   Point

1 지시어

사물의 이름 대신 직접 가리켜 나타내는 지시어는, 일본어도 우리말과 마찬가지로 「이·그·저·어느」와 같이 근칭·중칭·원칭·부정칭의 체계를 갖추고 있어 다음과 같이 사용된다.

「こ」계열 : 화자에 가까운 것을 가리킨다.
「そ」계열 : 청자에 가까운 것 또는 화자나 청자로부터 약간 떨어져 있는 것을 가리킨다.
「あ」계열 : 화자와 청자 양자로부터 멀리 떨어져 있는 것을 가리킨다.
「ど」계열 : 확실히 정해져 있지 않은 것을 가리킨다.

이러한 체계를 갖추고 있는 지시어로는 다음과 같이 사물, 장소, 방향을 지정할 수 있다.

	근칭	중칭	원칭	부정칭
사물	これ (이것)	それ (그것)	あれ (저것)	どれ (어느것)
장소	ここ (여기)	そこ (거기)	あそこ (저기)	どこ (어디)
방향	こちら (이쪽)	そちら (그쪽)	あちら (저쪽)	どちら (어느쪽)

❷ お餅

「お」는「ご」와 함께 다른 단어 앞에 붙어 ①존경의 뜻을 나타내거나 ②말하는 이의 품위를 나타내기 위해 관용적으로 붙이거나 한다. 약간의 예외도 있으나 일반적으로 「お」는 고유어에, 「ご」는 한어에 붙인다.

① お名前(성함), ご両親(부모님)
② お餅(떡), ご飯(밥)

❸ ～のですか

「～の」의 여러 용법 중의 하나로「～のもの(～의 것)」의「もの(것)」가 생략된 것으로 해석되는 용법이다.

これも韓国のですか。 이것도 한국 것입니까?

❹ ～と～

우리말의「～와/과」에 해당되는 조사로 몇 가지 사항을 열거할 때 쓴다.

それは水正果と五味子茶です。 그건 수정과와 오미자차에요.

❺ こちら

「こちら」는 원래「이쪽」이라는 방향을 나타내지만 옆에 있는 사람을 가리킬 때도 사용한다. 그때는 공손한 표현이 되어「이쪽 (분), 이 분」정도로 해석된다.

연습문제

1. 다음 단어를 각각 한자는 히라가나로, 히라가나는 한자로 바꾸세요.

① お茶　　（　　　　　）　② お餅　　（　　　　　）
③ 事務室　（　　　　　）　④ バス停　（　　　　　）
⑤ 隣　　　（　　　　　）　⑥ にほんご（　　　　　）
⑦ かんこく（　　　　　）　⑧ たてもの（　　　　　）
⑨ うしろ　（　　　　　）　⑩ なに/なん（　　　　　）

2. 다음 보기와 같이 질문에 답하세요.

보기
これは何ですか。(韓国のお餅)
➡ それは韓国のお餅です。

① これは何ですか。(電子辞書)
➡ ＿＿＿＿＿＿＿＿＿＿＿＿＿＿＿＿＿＿＿＿＿

② それは何ですか。(MP3プレーヤー)
➡ ＿＿＿＿＿＿＿＿＿＿＿＿＿＿＿＿＿＿＿＿＿

③ あれは何ですか。(家族の写真)
➡ ＿＿＿＿＿＿＿＿＿＿＿＿＿＿＿＿＿＿＿＿＿

3. 다음 보기와 같이 문장을 만드세요.

> 보기
> バス停 / あの建物の後ろ
> ➡ A：<u>すみません</u>、<u>バス停</u>はどこですか。
> 　 B：<u>あの建物の後ろ</u>です。

❶ コンピューター室 / あちら

➡ A：＿＿＿＿＿＿＿＿＿＿＿＿＿＿＿＿＿＿＿＿

　 B：＿＿＿＿＿＿＿＿＿＿＿＿＿＿＿＿＿＿＿＿

❷ コンビニ / 大学の前

➡ A：＿＿＿＿＿＿＿＿＿＿＿＿＿＿＿＿＿＿＿＿

　 B：＿＿＿＿＿＿＿＿＿＿＿＿＿＿＿＿＿＿＿＿

❸ 本田先生の研究室 / 6階

➡ A：＿＿＿＿＿＿＿＿＿＿＿＿＿＿＿＿＿＿＿＿

　 B：＿＿＿＿＿＿＿＿＿＿＿＿＿＿＿＿＿＿＿＿

4. 다음 우리말 문장을 일본어로 작문하세요.

❶ 이것은 일본 잡지입니다.

➡ _____

❷ 미안합니다. 우체국(郵便局ゆうびんきょく)은 어디입니까?

➡ _____

❸ 화장실은 저 계단(階段かいだん) 뒤입니다.

➡ _____

단어 お茶(ちゃ) 차   家族(かぞく) 가족   先生(せんせい) 선생님   研究室(けんきゅうしつ) 연구실

하나미(花見)

일본문화산책
日本文化散策

'花見'란 활짝 핀 벚꽃을 찾아 먹고 마시며 즐기는 꽃놀이를 말한다. 일본에서는 입학이나 입사식이 4월 초에 있는데 이 때가 바로 벚꽃이 만개하는 시기이다. 벚꽃은 새로운 인생의 출발의 상징이면서 한편으로는 개화기간이 불과 보름밖에 되지 않는데다 그 사이에 봄비나 바람에 의해 쉽게 지는 일이 많기 때문에 예로부터 곧잘 인생의 덧없음에 비유되어 왔다.

고대 전기에는 매화가 귀족들의 사랑을 받았으나 고대 후기부터 벚꽃이 매화를 제치고 사랑을 받기 시작해 당시의 시가집이나 『겐지 이야기(源氏物語)』와 같은 고대소설에는 벚꽃을 즐기던 귀족들의 모습이 생생히 그려지고 있다.

일본인들이 특히 좋아하는 벚꽃은 '소메이요시노(ソメイヨシノ)'라는 수종인데 근세시대에 일본을 다스리던 장군이 행정 중심지였던 에도(江戸) 각지에 이 벚꽃을 심어 꽃놀이를 장려하면서부터 서민계층에까지 '花見'의 풍습이 확대되었다.

'花見'에 나설 때는 보통 경단(花見団子)과 도시락(花見弁当)을 지참하는데 꽃놀이보다는 먹거리 쪽에 관심을 보인 사람이 많았던 모양으로 이 때문에 추상적인 것보다 현실적인 것을 더 챙긴다는 의미의 '花より団子'라는 말이 나오게 되었다.

소메이요시노

벚꽃 명소 중의 하나인
요시노산(吉野山)

제4과

ボールペンはありますか

볼펜은 있습니까?

제4과 볼펜은 있습니까?
ボールペンはありますか

 Part 1

木村：売店(ばいてん)はどこですか。

李　：この建物(たてもの)の3階(さんがい)にあります。

木村：ボールペンはありますか。

李　：はい、ありますよ。

木村：本(ほん)もありますか。

李　：いいえ、本はありません。食(た)べ物(もの)や文房具(ぶんぼうぐ)などがあります。
　　　本屋(ほんや)は1階(いっかい)です。

＊ ＊ ＊

木村：今、事務室に誰かいますか。

李　：事務室には誰もいません。でも隣のゼミ室には学生がいますよ。

木村：そうですか。ありがとうございます。

木村：あれ、かぎがありません。

李　：机の上は？

木村：ありません。

李　：かばんの中は？

木村：ありません。

李　：ドアの外は？

木村：あ！

| 어휘 | あれ (놀라거나 이상할 때) 어, 아니 | かぎ 열쇠 | 机(つくえ) 책상 | 上(うえ) 위 |
| | 中(なか) 안 | ドア 도어, 문 | 外(そと) 밖 | |

practice

Part 1

1 ~は ~に あります

① 売店はこの建物の3階にあります。
② 新聞はテーブルの上にあります。
③ 眼鏡はかばんの中にあります。

2 ~は ありません

① 本はありません。
② パソコンはありません。
③ 銀行はありません。

3 ~や ~など

① 食べ物や文房具などがあります。
② スリッパや運動靴などがあります。
③ コンビニや花屋などがあります。

4 ~に(は) ~が います

① ゼミ室には学生がいます。
② テーブルの横には子犬がいます。
③ 木の下に人がいます。

5　～に(は) ～も いません

① 事務室に誰もいません。
② 部屋の中には一人もいません。
③ 昼休みは教室に誰もいません。

Part 2

6　～が ありません

① あれ、かぎがありません。
② あれ、財布がありません。
③ あれ、切符がありません。

어휘					
新聞(しんぶん) 신문	テーブル 테이블	眼鏡(めがね) 안경			銀行(ぎんこう) 은행
パソコン PC, 개인용 컴퓨터, パーソナルコンピューター의 준말					
スリッパ 슬리퍼	運動靴(うんどうぐつ) 운동화	コンビニ 편의점, コンビニエンスストア의 준말			
花屋(はなや) 꽃집, 꽃가게	横(よこ) 옆	子犬(こいぬ) 강아지	木(き) 나무		
下(した) 아래, 밑	人(ひと) 사람	部屋(へや) 방	一人(ひとり) 한명		
昼休(ひるやす)み 점심시간	教室(きょうしつ) 교실	財布(さいふ) 지갑	切符(きっぷ) 표		

문법포인트 해설

❶ あります/います, ありません/いません

존재의 유무를 나타내는 동사로 우리말의 「있습니다/없습니다」에 해당된다. 일본어는 우리말과 달리 두 종류의 존재동사 「あります」와 「います」가 있어, 존재하는 주체가 동작성을 갖는가 아닌가에 따라 구별하여 사용한다. 「あります」는 사물, 식물과 같이 동작성이 없는 주체, 「います」는 인간, 동물과 같이 동작성을 갖는 주체의 존재를 나타낸다.

존재하지 않는 것을 나타내는 「없습니다」의 경우도 동일한 기준에 의하여 「ありません」과 「いません」으로 구별해 사용한다.

ボールペンはありますか。	볼펜은 있습니까?
誰かいますか。	누군가 있습니까?
かぎがありません。	열쇠가 없습니다.
誰もいません。	아무도 없습니다.

❷ (~は) ~に あります/います

조사 「~に(~에)」는 존재하는 위치를 나타낸다. 존재동사 「あります/います」와 같이 쓰여 「(~は) ~に あります/います」와 같은 존재문을 만든다.

売店はこの建物の3階にあります。　매점은 이 건물 3층에 있습니다.

③ 조수사(助数詞)

대상에 따라 수량을 세는 단위, 즉 조수사가 달라진다. 예를 들면 우리말에서 책은 「~권」, 사람은 「~명/사람」, 건물의 층수는 「~층」이라고 세는데, 일본어에서도 「~冊, ~人, ~階」등의 조수사를 사용한다.

三冊(세 권)

四人(네 명)

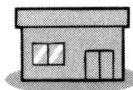
1階(1층)

대상	사람	작은 동물 (개·고양이 등)	책·노트	긴 물건 (필기도구·우산 등)	건물층수
조수사	人(にん)	匹(ひき)	冊(さつ)	本(ほん)	階(かい)
何 (なに)	なんにん	なんびき	なんさつ	なんぼん	なんがい
1 (いち)	ひとり	いっぴき	いっさつ	いっぽん	いっかい
2 (に)	ふたり	~ひき	~さつ	~ほん	~かい
3 (さん)	~にん	~びき	~さつ	~ぼん	~がい
4 (し)	よにん	よんひき	よんさつ	よんほん	よんかい
5 (ご)	~にん	~ひき	~さつ	~ほん	~かい
6 (ろく)	~にん	ろっぴき	~さつ	ろっぽん	ろっかい
7 (しち)	~にん	ななひき	ななさつ	ななほん	ななかい
8 (はち)	~にん	はっぴき	はっさつ	はっぽん	はっかい
9 (きゅう)	~にん	~ひき	~さつ	~ほん	~かい
10 (じゅう)	~にん	じっぴき	じっさつ	じっぽん	じっかい
그 밖의 읽는 법	4 よん/よ 7 なな 9 く	9 くにん	7 しちひき 8 はちひき 10 じゅっぴき	10 じゅっさつ	7 しちほん 8 はちほん 10 じゅっぽん	7 しちかい 8 はちかい 10 じゅっかい

「~」는 왼쪽 ( )속에 제시된 대로 읽는 경우를 나타낸다.

❹ ~よ

문말(文末)에 쓰여 말하는 사람의 판단, 의견, 감정, 의지 등을 상대방에게 주장하거나 다짐하려는 의도를 나타낸다. 따라서 손윗사람에게는 사용하기 어렵다.

    はい、ありますよ。   네, 있어요.

❺ ~や ~など

「~や」는 뒤에 「~など」와 함께 쓰여 「~(이)랑 ~등」과 같이 여러 가지 사항을 열거할 때 사용한다. 열거한 것 외에도 또 있다는 뜻을 내포하고 있는 점에서 있는 것 전부를 열거한다는 뉘앙스를 갖는 「~と(~와/과)」와 차이가 있다.

    食(た)べ物(もの)や文房具(ぶんぼうぐ)などがあります。   먹을거리랑 문구 등이 있습니다.

❻ ~か

「何, 誰, どこ, いつ」등의 의문사에 붙어 확실히 모르거나 정해지지 않은 것을 나타낸다.

    事務室に誰(だれ)かいますか。   사무실에 누군가 있습니까?

❼ ~の上

机(つくえ)の上(うえ)(책상 위), かばんの中(なか)(가방 속)와 같이 다른 명사와의 위치 관계를 나타내는 명사로는 다음과 같은 것이 있다.

    上(うえ)(위), 下(した)(아래), 中(なか)(안), 外(そと)(밖), 前(まえ)(앞), 後(うし)ろ(뒤), 横(よこ)(옆), 隣(となり)(옆, 이웃), 向(む)こう(건너편)

연습문제

1. 다음 단어를 각각 한자는 히라가나로, 히라가나는 한자로 바꾸세요.

① 売店　（　　　　　）　② 文房具（　　　　　）
③ 食べ物（　　　　　）　④ 誰　　（　　　　　）
⑤ 1階　（　　　　　）　⑥ ほんや（　　　　　）
⑦ そと　（　　　　　）　⑧ つくえ（　　　　　）
⑨ うえ　（　　　　　）　⑩ なか　（　　　　　）

2. 다음 그림을 보고 보기와 같이 문장을 만드세요.

 보기

新聞
　➡ A : 新聞はありますか。
　　 B : はい、あります。
たばこ
　➡ A : たばこはありますか。
　　 B : いいえ、ありません。

① ビール
➡ A: _____

　　B: _____

② 猫
➡ A: _____

　　B: _____

③ 女の人
➡ A: _____

　　B: _____

④ 日本のまんが
➡ A: _____

　　B: _____

⑤ 電子辞書
➡ A: _____

　　B: _____

6 サンドイッチ
⇨ A : _____
　B : _____

7 店員(てんいん)
⇨ A : _____
　B : _____

8 男(おとこ)の人(ひと)
⇨ A : _____
　B : _____

3. 다음 보기와 같이 문장을 만드세요.

　　　보기

　　売店 / 3階
　　⇨ A : 売店はどこですか。
　　　B : 3階にあります。
　　李さん / 事務室
　　⇨ A : 李さんはどこですか。
　　　B : 事務室にいます。

① お手洗い / こちら
➡ _____

② 伊藤さん / 学生食堂
➡ _____

③ 日本語の辞書 / 机の上
➡ _____

④ 金さん / 図書館
➡ _____

4. 다음 우리말 문장을 일본어로 작문하세요.

① 학생식당은 이 건물 2층에 있습니다.
➡ _____

② 매점에는 먹을거리와 문구 등이 있습니다.
➡ _____

③ 지금 사무실에는 아무도 없습니다.
➡ _____

어휘
ビール 맥주　　猫(ねこ) 고양이　　女(おんな)の人(ひと) 여자　　サンドイッチ 샌드위치
店員(てんいん) 점원　　男(おとこ)の人(ひと) 남자　　図書館(としょかん) 도서관

다도(茶道)

일본문화산책
日本文化散策

'茶道'는 さどう 또는 ちゃどう라고 읽는데, 차를 혼자서 즐기는 것이 아니라 정해진 룰에 따라 손님에게 접대하는 의식을 말한다. 일본의 다도에서는 찻잎을 뜨거운 물에 우려 마시는 煎茶(せんちゃ)보다 말려서 가루로 만든 抹茶(まっちゃ)를 주로 쓰는데 독특한 예법에 따라 전통적인 그릇(茶器)을 사용해 특별한 공간(茶室) 속에서 행해진다.

차는 8세기 후반 일본에 처음 들어왔으나 일반에 보급되지 못하고 승려들이 수양의 일환으로 마셔오다가 16세기 말 무인계급의 영주들이 고급스런 다기를 수집하여 성대한 다회를 열기 시작하면서 크게 유행하였다. 그러다가 점차 다회의 규모나 화려함보다도 주최자와 손님 간의 정신적 교류를 중시하는 풍조가 대두되면서 차 마시는 행위를 다도라 부르게 되었다.

일본의 다도를 현재의 형태로 완성시킨 것은 센 노 리큐(千利休:1522~1591년)라는 사람인데 그의 사후 아들과 제자들에 의해 여러 유파가 만들어져 당시의 지배계급이던 무인들과 부유한 상인들의 지지를 받았다. 명치유신(1868년) 이후 무인계급이 몰락하자 이 가운데 裏千家(うらせんけ)라는 유파가 나서 다도를 여성교육의 필수과목의 하나로 정착시키는 데 성공함으로써 새로운 활로가 열려 대중화되었다.

茶室의 안과 밖

제5과

僕の誕生日は、12月24日です

제 생일은 12월 24일입니다.

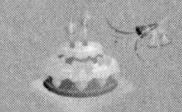

제5과 | 僕の誕生日は、12月24日です

제 생일은 12월 24일입니다.

金 ： 伊藤さんの誕生日はいつですか。

伊藤：私の誕生日は5月5日です。

金 ： あ、「子供の日」ですね。何年生まれですか。

伊藤：１９９１年生まれで、数え年では今、20歳です。

　　　金さんは。

金 ： 僕も91年生まれです。同い年ですね。

　　　僕の誕生日は、１２月２４日です。

伊藤：…クリスマス・イブですか！

＊　＊　＊

伊藤：金さん、携帯ありますか。

金　：はい、あります。

伊藤：番号は何番ですか。

金　：010-321-5786です。

伊藤：えーっと、010-321-5786ですね。

　　　ありがとうございます。

어휘		
誕生日(たんじょうび) 생일	5月(ごがつ) 5월　5日(いつか) 5일	子供(こども)の日(ひ) 어린이날
何年生(なんねんう)まれ 몇 년생	数(かぞ)え年(どし) 태어난 해를 한 살로 쳐서 세는 나이	
今(いま) 지금, 현재	20歳(はたち) 20세	
僕(ぼく) (남자가 동등하거나 손아래의 상대에 대해 쓰는 허물없는 말) 나		
同(おな)い年(どし) 동갑	～ですね ～이네요/이군요	24日(にじゅうよっか) 24일
クリスマス・イブ 크리스마스이브	携帯(けいたい) 휴대전화, 携帯電話(けいたいでんわ)의 준말	
番号(ばんごう) 번호	何番(なんばん) 몇 번	えーっと 음, 그러니까

木村：李さん、次の授業は何時からですか。

李　：午後1時からです。日本語会話の授業です。

木村：日本語会話の授業は、何曜日にありますか。

李　：月曜日と水曜日と金曜日にあります。

木村：今日は、最後の授業は何時までですか。

李　：5時50分までです。

어휘						
次(つぎ)	다음	授業(じゅぎょう)	수업	何時(なんじ)	몇 시	~から　~부터/에서
午後(ごご)	오후	1時(いちじ)	1시	会話(かいわ)	회화	何曜日(なんようび) 무슨 요일
月曜日(げつようび) 월요일				水曜日(すいようび) 수요일		金曜日(きんようび) 금요일
今日(きょう) 오늘		最後(さいご) 마지막		~まで　~까지		50分(ごじっぷん)　50분

표현연습

Part 1

1. ～は いつですか

① 伊藤さんの誕生日はいつですか。　⇨　5月5日です。
② 日本語の試験はいつですか。　⇨　9月10日です。
③ さよならパーティーはいつですか。　⇨　14日の土曜日です。

2. ～は 何番ですか

① 携帯の番号は何番ですか。　⇨　010-321-5786です。
② お電話番号は何番ですか。　⇨　02-973-1004です。
③ 学生番号は何番ですか。　⇨　2009537です。

Part 2

3. ～は ～からです

① 次の授業は午後1時からです。
② 試験は午前9時からです。
③ 夏休みは来週の月曜日からです。

4. ～は ～までです

① 最後の授業は5時50分までです。
② 冬休みは2月28日までです。
③ バイトは夜10時までです。

어휘		
試験(しけん) 시험	さよならパーティー 작별파티	土曜日(どようび) 토요일
電話番号(でんわばんごう) 전화번호	午前(ごぜん) 오전	夏休(なつやす)み 여름방학
来週(らいしゅう) 다음주	冬休(ふゆやす)み 겨울방학	夜(よる) 밤
バイト 아르바이트, アルバイト의 준말		

1 수량표현

수량을 나타내는 일본어의 수사(数詞)는 한수사 계열과 고유어수사 계열의 두 종류가 있다. 1에서 10까지는 다음과 같이 구별하나, 11 이후의 숫자에서는 구별하지 않고 한수사 계열의 수사를 쓴다.

	1	2	3	4	5
한수사	一 いち	二 に	三 さん	四 し	五 ご
고유어 수사	一つ ひとつ	二つ ふたつ	三つ みっつ	四つ よっつ	五つ いつつ

	6	7	8	9	10
한수사	六 ろく	七 しち	八 はち	九 きゅう	十 じゅう
고유어 수사	六つ むっつ	七つ ななつ	八つ やっつ	九つ ここのつ	十 とお

「四」는「よん/よ」,「七」는「なな」,「九」는「く」가 함께 사용된다.

	11	‥‥	100	1000	10000
한수사	十一 じゅういち	‥‥	百 ひゃく	千 せん	万 まん

❷ ~월 ~일 표현

1月~12月

1月	2月	3月	4月	5月	6月
いちがつ	にがつ	さんがつ	しがつ	ごがつ	ろくがつ
7月	8月	9月	10月	11月	12月
しちがつ	はちがつ	くがつ	じゅうがつ	じゅういちがつ	じゅうにがつ

4월은 「4月(しがつ)」 9월은 「9月(くがつ)」로 말하는 점에 주의해야 한다.

1日~31日

1日	2日	3日	4日	5日
ついたち	ふつか	みっか	よっか	いつか
6日	7日	8日	9日	10日
むいか	なのか	ようか	ここのか	とおか
11日	14日	20日	24日	31日
じゅういちにち …	じゅうよっか …	はつか …	にじゅうよっか …	さんじゅういちにち

14일, 20일, 24일을 제외하고, 11일 이후는 모두 「~日」로 말한다.

    4月12日(しがつ じゅうににち)　5月5日(ごがつ いつか)
    9月20日(くがつ はつか)　　　12月24日(じゅうにがつ にじゅうよっか)
    何月何日(なんがつ なんにち)

第5課　僕の誕生日は、12月24日です

③ ～ね

문말(文末)에 쓰여 말하는 사람이 자신이 말한 내용에 대해 상대방에게 확인 또는 동의를 구하는 것을 나타낸다.

えーっと、010-321-5786ですね。 음, 010-321-5786 이라고요?

④ ～から

「～から」는 시간과 거리의 기점·출발점을 나타낸다. 「～에서/부터」

授業は何時からですか。 수업은 몇 시부터입니까?

⑤ ～まで

「～まで」는 시간과 거리의 종점·귀착점을 나타낸다.

最後の授業は何時までですか。 마지막 수업은 몇 시까지입니까?

「～から～まで」와 같이 함께 쓰이는 경우는 「～에서/부터 ～까지」라는 범위를 나타내는 표현이 된다.

月曜日から金曜日まで 월요일부터 금요일까지

6 요일 표현

日曜日	月曜日	火曜日	水曜日
にちようび	げつようび	かようび	すいようび
木曜日	金曜日	土曜日	何曜日
もくようび	きんようび	どようび	なんようび

7 과거, 현재, 미래의 시간 표현

현재 시간을 중심으로 한 「이번~, 지난~, 지지난~, 다음~, 다다음~」의 뜻을 부가하는 관련 표현으로는 다음과 같은 것이 있다.

	과 거		현 재	미 래	
ひ 日	おととい 一昨日 (그저께)	きのう 昨日 (어제)	きょう 今日 (오늘)	あした/あす 明日 (내일)	あさって 明後日 (모레)
しゅう 週	せんせんしゅう 先々週 (지지난 주)	せんしゅう 先週 (지난 주)	こんしゅう 今週 (이번 주)	らいしゅう 来週 (다음 주)	さらいしゅう 再来週 (다다음 주)
つき 月	せんせんげつ 先々月 (지지난 달)	せんげつ 先月 (지난 달)	こんげつ 今月 (이번 달)	らいげつ 来月 (다음 달)	さらいげつ 再来月 (다다음 달)
とし 年	おととし 一昨年 (재작년)	きょねん 去年 (작년)	ことし 今年 (금년, 올해)	らいねん 来年 (내년)	さらいねん 再来年 (내후년)

작년은 「昨年(さくねん)」이라고도 한다.

8 시각 표현

1時	2時	3時	4時	5時
いちじ	にじ	さんじ	よじ	ごじ
6時	7時	8時	9時	10時
ろくじ	しちじ	はちじ	くじ	じゅうじ
11時		12時		何時
じゅういちじ		じゅうにじ		なんじ

4시는 「4時(よじ)」 9시는 「9時(くじ)」로 말하는 점에 주의해야 한다.

1分	2分	3分	4分	5分
いっぷん	にふん	さんぷん	よんぷん	ごふん
6分	7分	8分	9分	10分
ろっぷん	ななふん	はっぷん	きゅうふん	じっぷん / じゅっぷん
11分		12分		何分
じゅういっぷん		じゅうにふん		なんぷん

3분은 「3分(さんぷん)」 4분은 「4分(よんぷん)」으로 말하는 점에 주의해야 한다.

연습문제

1. 다음 단어를 각각 한자는 히라가나로, 히라가나는 한자로 바꾸세요.

① 誕生日　　(　　　　)　② 子供　　　(　　　　)

③ 20歳　　　(　　　　)　④ 携帯　　　(　　　　)

⑤ 次　　　　(　　　　)　⑥ ばんごう　(　　　　)

⑦ かいわ　　(　　　　)　⑧ なんじ　　(　　　　)

⑨ じゅぎょう(　　　　)　⑩ げつようび(　　　　)

2. 다음 보기와 같이 문장을 만드세요. 단, 숫자에는 ( )속에 읽기를 히라가나로 적으세요.

> 보기
>
> 誕生日 / 4月10日
>
> ➡ A : 誕生日はいつですか。
>
> 　 B : 4月10日(しがつとおか)です。

① 誕生日 / 9月3日

➡ A : _____

　 B : _____

❷ 英語の試験 / 来週の金曜日

➡ A : _____

　　B : _____

❸ 次のオリンピック / 2012年

➡ A : _____

　　B : _____

3. 다음 보기와 같이 문장을 만드세요.

> 보기
>
> 授業 / 10時半～11時45分
>
> ➡ A : 授業は何時から何時までですか
> 　　B : 10時半から11時45分までです。

❶ 郵便局 / 午前9時～午後7時

➡ A : _____

　　B : _____

② デパート / 午前10時～午後8時
⇨ A : _____
   B : _____

③ アルバイト / 午後4時～9時
⇨ A : _____
   B : _____

4. 다음 우리말 문장을 일본어로 작문하세요.

① 일본어 클래스는 월요일과 수요일에 있습니다.
⇨ _____

② 미안합니다. 여기 전화번호는 몇 번입니까?
⇨ _____

③ 일본의 은행은 오전 9시부터 오후 3시까지입니다.
⇨ _____

가부키(歌舞伎)

일본문화산책
日本文化散策

　일본의 근세시대에 서민계층인 죠닌(町人)들의 손에 의해 만들어진 무대극으로 중세시대에 무인계급의 비호 아래 성장한 노(能)와 함께 일본을 대표하는 고전 예능 중의 하나이다. 튀는 행동이나 색다른 복장을 하고 다니는 것을 당시 '가부쿠(かぶく)'라 하고 그러한 행위를 하는 사람을 '가부키모노(かぶきもの)'라 불렀는데, '가부키'는 여기서 비롯된 말로써 '歌舞伎'라는 한자어는 악사의 음악(歌)에 배우의 춤(舞)과 기예(伎)로 어우러진 이 무대극의 특성을 살려 후대에 붙여진 것이다.

　오늘날 개인이나 배우의 특기를 의미하는 '十八番(おはこ 또는 じゅうはちばん)'이나 미남자를 지칭하는 '二枚目'는 모두 가부키에서 나온 말로써, '十八番'은 근세시대 가부키 배우인 이치카와 단주로(市川団十郎 : 1791~1859년) 7세가 자신이 특기로 하는 18개의 레파토리를 공표한 데서 비롯됐고, '二枚目'는 공연장에서 여성들에게 인기가 많은 미남배우의 이름표를 위에서 두 번째 줄에 건데서 기원한 것이다.

가부키 十八番 중의
하나인 <勧進帳>

제6과

キムチチゲがおいしいです

김치찌개가 맛있어요.

김치찌개가 맛있어요.
제6과 | キムチチゲがおいしいです

伊藤：このレストランの料理はおいしいですか。

李　：おいしいですが、ちょっと高いです。

伊藤：あっちの食堂はどうですか。

李　：安くておいしいです。特にキムチチゲがおいしいです。

伊藤：辛くありませんか。

李　：辛いですが、おいしいですよ。

伊藤：うーん…。辛くないものがいいなあ。

＊　＊　＊

伊藤　：この赤(あか)いセーターはいくらですか。

店員(てんいん)：2万(まん)ウォンです。

李　　：あまり高くありませんね。デザインもかわいいですよ。

伊藤　：そうですね。じゃ、これのMサイズ(エム)をください。

語彙							
この	이	レストラン	레스토랑	料理(りょうり)	요리	おいしい	맛있다
〜が	〜(이)지만	ちょっと	좀, 조금	高(たか)い	비싸다	あっち	저쪽
どうですか	어떻습니까	安(やす)い	싸다	特(とく)に	특히	キムチチゲ	김치찌개
辛(から)い	맵다	うーん	음	もの	것, 물건	いい	좋다
〜な (소망을 담아)	〜한데	赤(あか)い	빨갛다	セーター	스웨터	いくら	얼마
2万(まん)ウォン	2만원	あまり	그다지, 별로	デザイン	디자인	かわいい	귀엽다
じゃ	그럼	サイズ	사이즈	〜を	〜을/를	ください	주세요

第6課　**キムチチゲがおいしいです**

木村 ：金さん、昨日のアニメ上映会はどうでしたか。

金　 ：すごく面白かったです。日本語はちょっと難しかった

　　　 ですが、ストーリーは、難しくありませんでした。

木村 ：それはよかったですね。人は多かったですか。

金　 ：いいえ、あまり多くありませんでした。

　　　 ちょっと寂しかったです。

어휘				
昨日(きのう) 어제	アニメ 애니메이션, アニメーション의 준말	上映会(じょうえいかい) 상영회
すごく 매우, 퍽	面白(おもしろ)い 재미있다	難(むずか)しい 어렵다
ストーリー 스토리, 이야기	よかったですね 잘 되었네요, 다행이군요	
多(おお)い 많다	寂(さび)しい 쓸쓸하다, 외롭다	

practice

Part 1

1　A-いです

① このレストランの料理はおいしいです。
② このデジカメは高いです。
③ 私の部屋は狭いです。

2　A-くて ～

① あっちの食堂は安くておいしいです。
② 事務室は明るくて広いです。
③ 妹の携帯は軽くてかわいいです。

3　A-くありません(か)

① 辛くありませんか。
② その試験は難しくありませんか。
③ 駅は遠くありません。

4　A-くない ～

① 辛くないものがいいなあ。
② 高くないデジカメがいいなあ。
③ 暗くない部屋がいいなあ。

5 ～を ください

① これのMサイズをください。
② 80円切手(えんきって)を一枚(いちまい)ください。
③ コーヒーをください。

Part 2

6 A-かったです

① アニメ上映会はすごく面白かったです。
② 今朝(けさ)は寒(さむ)かったです。
③ 昨日のパーティーはとても楽(たの)しかったです。

7 A-くありませんでした

① あまり多くありませんでした。
② 全然(ぜんぜん)難しくありませんでした。
③ 去年(きょねん)の夏(なつ)は暑(あつ)くありませんでした。

어휘						
デジカメ	ディカ, デジタルカメラ(디지털 카메라)의 약자		狭(せま)い 좁다		明(あか)るい 밝다	
広(ひろ)い 넓다		妹(いもうと) 여동생	軽(かる)い 가볍다		駅(えき) 역	
遠(とお)い 멀다		暗(くら)い 어둡다	円(えん) 일본의 통화단위, 엔		切手(きって) 우표	
一枚(いちまい) 한 장		コーヒー 커피	今朝(けさ) 오늘아침		寒(さむ)い 춥다	
とても 아주, 매우		楽(たの)しい 즐겁다	全然(ぜんぜん) 전혀		去年(きょねん) 작년	
夏(なつ) 여름		暑(あつ)い 덥다				

문법포인트 해설

① イ형용사

일본어의 형용사는 크게 イ형용사와 ナ형용사로 나누어진다. イ형용사는 전통적으로 형용사로 불리던 것이다.

イ형용사는 「おいしい」「高い」와 같이 어미가 「い」로 끝나며, 의미적으로는 사물(또는 사람)의 성질이나 상태를 나타낸다. イ형용사의 정중체 현재긍정형은 기본형 「A-い」(A는 イ형용사의 어간을 표시)에 「です」를 접속시킨 「A-いです」이고, 그 부정형은 「A-くありません」(또는 「A-くないです」)이다. 또 정중체의 과거긍정형은 「A-かったです」이고, 과거부정형은 「A-くありませんでした」(또는 「A-くなかったです」)이다. 보통체도 함께 표시하면 다음과 같다.

	긍 정		부 정	
	현 재	과 거	현 재	과 거
정중체	高いです (비쌉니다)	高かったです (비쌌습니다)	高くありません (비싸지 않습니다)	高くありませんでした (비싸지 않았습니다)
보통체	高い (비싸다)	高かった (비쌌다)	高くない (비싸지 않다)	高くなかった (비싸지 않았다)

「-かったです, -くありません」은 「いい」에는 접속되지 못하고 「よい」에 접속된다.

  いかったです(×) いくありません(×) いくありませんでした(×)
  よかったです(○) よくありません(○) よくありませんでした(○)

┌─ 〈イ형용사의 예〉 ─────────────────────────────────┐
│   │
│   高い(비싸다) : 安い(싸다)   明るい(밝다) : 暗い(어둡다)   │
│   長い(길다) : 短い(짧다)   暑い(덥다) : 寒い(춥다)   │
│   熱い(뜨겁다) : 冷たい(차갑다)   多い(많다) : 少ない(적다)   │
│   大きい(크다) : 小さい(작다)   重い(무겁다) : 軽い(가볍다)   │
│   おいしい(맛있다) : まずい(맛없다) 新しい(새롭다) : 古い(낡다) │
│   近い(가깝다) : 遠い(멀다)   いい/よい(좋다) : 悪い(나쁘다)│
│   難しい(어렵다) : 易しい(쉽다)   │
└──┘

❷ A-くて ~

イ형용사에「~て(~고/서)」를 접속시키기 위해서는 어미「い」를「く」로 바꿔야 한다. 의미적으로 ①열거 또는 ②원인·이유를 나타낸다.

① 安くておいしいです。   싸고 맛있습니다.
② 安くていいです。   싸서 좋습니다.

❸ A-い / A-くない + 명사

イ형용사의 경우, 명사 앞에서 수식하는 형태인 연체형은 기본형과 같다.

赤いセーター 빨간 스웨터   辛くないもの 맵지 않은 것

④ ~が、~

「~が」는 앞뒤의 두 문장을 연결해주는 접속조사로, 「~(이)지만, ~」라는 뜻을 나타낸다.

おいしいですが、ちょっと高(たか)いです。　맛있지만 좀 비싸요.

⑤ ~を ください

「~を」는 우리말의 「~을/를」에 해당되는 조사로 동작, 작용의 대상을 나타낸다. 「ください」는 「くださる(주시다)」의 명령형으로 「주세요」라는 뜻으로 쓰인다.

M(エム)サイズをください。　M사이즈를 주세요.

⑥ ~でした

「~でした」는 정중한 단정을 나타내는 「~です」의 과거형으로 「~(이)었습니다」라는 뜻이 된다. 과거부정형은 「~ではありませんでした(~이/가 아니었습니다)」이다.

昨日(きのう)のアニメ上映会(じょうえいかい)はどうでしたか。　어제의 애니메이션 상영회는 어땠습니까?
去年(きょねん)は大学生ではありませんでした。　작년에는 대학생이 아니었습니다.

연습문제

1. 다음 단어를 각각 한자는 히라가나로, 히라가나는 한자로 바꾸세요.

① 料理　　（　　　　）　② 多い　（　　　　）

③ 辛い　　（　　　　）　④ 特に　（　　　　）

⑤ 難しい　（　　　　）　⑥ きのう（　　　　）

⑦ たかい　（　　　　）　⑧ やすい（　　　　）

⑨ しょくどう（　　　　）　⑩ ひと　（　　　　）

2. 다음 보기와 같이 문장을 만드세요.

보기
このレストランは高いですか。(はい)
⇨ はい、高いです。
この食堂は安いですか。(いいえ)
⇨ いいえ、安くありません。

① 日本語の試験は難しいですか。(はい)

⇨ _____

② 明洞(ミョンドン)は人が多いですか。(はい)

⇨ _____

③ 週末は忙しいですか。（いいえ）
➡ _____

3. 다음 보기와 같이 문장을 만드세요.

> 보기
> アニメ上映会は面白かったですか。（はい）
> ➡ <u>はい、面白かったです。</u>
> このかばんは高かったですか。（いいえ）
> ➡ <u>いいえ、高くありませんでした。</u>

① 旅行は楽しかったですか。（はい）
➡ _____

② 子供の時、かわいかったですか。（はい）
➡ _____

③ 東京は寒かったですか。（いいえ）
➡ _____

④ 昨日は宿題が多かったですか。（いいえ）
➡ _____

4. 다음 우리말 문장을 일본어로 작문하세요.

1 이 파란(青い) 스웨터를 주세요.

➡ _____

2 영어 시험은 조금 어려웠습니다.

➡ _____

3 어제 영화는 별로 재미있지 않았습니다.

➡ _____

| 어휘 | 明洞(ミョンドン) 명동 | 忙(いそが)しい 바쁘다 | 旅行(りょこう) 여행 | 宿題(しゅくだい) 숙제 |

아니메(アニメ)

만화영화를 의미하는 'アニメーション(animation)'의 약칭으로 일본에서는 만화영화 전체를 가리키는 말이나 서구에서는 일본제 만화영화를 지칭하는 용어(anime)로 쓰이고 있다.

아니메는 TV판, 극장판 등으로 나뉘는데 TV판은 데즈카 오사무(手塚治)의 『鉄腕アトム』(1963년)으로부터 출발해 『巨人の星』(1968년), 『サザエさん』(1969년), 『科学忍者隊ガッチャマン』(1972년)(<독수리 오형제>), 『アルプスの少女ハイジ』(1974년), 『銀河鉄道999』(1978년), 『ドラえもん』(1979년), 『うる星やつら』(1981년), 『機動警察パトレイバー』(1989년), 『新世紀エヴァンゲリオン』(1995년) 등으로 이어져 왔다. 『千と千尋の神隠し』(2001년), 『崖の上のポニョ』(2008년)의 미야자키 하야오(宮崎駿), 『おもいでポロポロ』(1991년)의 다카하타 이사오(高畑勲), 『イノセンス』(2004년)의 오시이 마모루(押井守), 『秒速5センチメートル』(2007년)의 신카이 마코토(新海誠) 등 신구 감독들이 활약하고 있는 극장판 아니메는 SF 모험 판타지 순정의 세계 등의 다양한 내용과 치밀하고 화려한 비쥬얼로 전 세계 팬들로부터 폭넓은 지지를 받고 있다.

<벼랑 위의 포뇨>

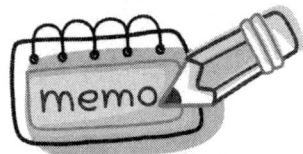

NEW
커뮤니케이션을 위한 캠퍼스 일본어 Level 1

제7과

日本の歌が上手ですね

일본노래를 잘하네요.

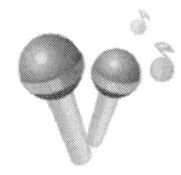

제7과 | 日本の歌が上手ですね

일본노래를 잘하네요.

伊藤：金さんは、日本の歌が上手ですね。

金　：ありがとうございます。
　　　伊藤さんはどんな音楽が好きですか。

伊藤：前はロックが好きでしたが、今は韓国のポップスが
　　　好きです。でも、歌は得意ではありません。

金　：大丈夫です。僕も前は上手ではありませんでしたよ。

伊藤：本当ですか。

金　：あ、次の曲、伊藤さんですよ。がんばってください！

어휘					
日本(にほん) 일본	歌(うた) 노래	上手(じょうずだ) 잘하다	どんな 어떤		
音楽(おんがく) 음악	好(す)きだ 좋아하다	前(まえ) 이전	ロック 록, 로큰롤		
ポップス 팝스, 대중가요	得意(とくい)だ 잘하다, 자랑할 만하다	大丈夫(だいじょうぶ)だ 괜찮다			
本当(ほんとう) 정말	曲(きょく) 곡	がんばってください 잘 하세요, 열심히 하세요			

李　　：夏は、東京とソウルと、どちらが暑いですか。

木村：東京の方が暑いです。ソウルの冬はどうですか。

李　　：東京よりは寒いですが、以前ほど寒くありません。

　　　　ところで、東京の渋谷と原宿では、どちらがにぎやか

　　　　ですか。

木村：どちらもにぎやかな街ですが、私は渋谷の方が好きです。

　　　　CDショップが多いですから。

어휘					
東京(とうきょう) 도쿄	ソウル 서울	どちら 어느 쪽	~方(ほう) ~쪽, 편
冬(ふゆ) 겨울	~より ~보다	以前(いぜん) 이전	~ほど ~만큼
渋谷(しぶや) 시부야	原宿(はらじゅく) 하라주쿠	どちらも 어느 쪽도	
にぎやかだ 번화하다, 활기차다		街(まち) 거리	
CD(シーディー)ショップ CD가게		~から ~(이)니까요	

 practice

Part 1

1 NA-です

① 金さんは日本の歌が上手です。
② 伊藤さんは韓国のポップスが好きです。
③ この図書館はいつも静かです。

2 NA-でした

① 前はロックが好きでした。
② 以前は肉が嫌いでした。
③ 子供の時は辛いものが苦手でした。

3 NA-ではありません

① 歌は得意ではありません。
② 駅の近くは静かではありません。
③ 今も運転が上手ではありません。

4 NA-ではありませんでした

① 僕も前は上手ではありませんでした。
② 前はにぎやかではありませんでした。
③ 英語は嫌いではありませんでした。

5 NA-な～

① どちらもにぎやかな街です。
② 彼女は有名な歌手です。
③ 元気な赤ちゃんですね。

Part 2

6 ～と ～と(/では) どちらが～

① 東京とソウルと、どちらが暑いですか。
② 地下鉄とタクシーと、どちらが速いですか。
③ 東京の渋谷と原宿では、どちらがにぎやかですか。

7 ～ほど ～ くありません

① ソウルの冬は以前ほど寒くありません。
② 兄は弟ほど背が高くありません。
③ 隣の部屋はこの部屋ほど広くありません。

어휘						
いつも	항상, 언제나	静(しず)かだ	조용하다	肉(にく)	고기	嫌(きら)いだ 싫다
時(とき)	때	苦手(にがて)だ	싫다, 서투르다	運転(うんてん)	운전	彼女(かのじょ) 그녀
有名(ゆうめい)だ 유명하다		歌手(かしゅ)	가수	元気(げんき)だ	건강하다	赤(あか)ちゃん 아기
地下鉄(ちかてつ) 지하철		速(はや)い	빠르다	兄(あに)	형, 오빠	弟(おとうと) 남동생
背(せ)が高(たか)い キ가 크다						

문법포인트 해설

① ナ형용사

ナ형용사는 전통적으로 형용동사라는 용어로 불리던 것이다. ナ형용사는 「好きだ」「上手だ」와 같이 어미가 「だ」로 끝나며, 의미적으로는 사물(또는 사람)의 성질이나 상태를 나타낸다는 점에서 イ형용사와 공통된다. ナ형용사라는 명칭은 명사를 수식하는 연체형이 「好きな」「上手な」인 것에 의한다.

ナ형용사의 정중체 현재긍정형은 「NA-です」(NA는 ナ형용사의 어간을 표시)이고, 그 부정형은 「NA-ではありません」이다. 또 정중체의 과거긍정형은 「NA-でした」이고, 과거부정형은 「NA-ではありませんでした」이다. 보통체도 함께 표시하면 다음과 같다.

	긍 정		부 정	
	현 재	과 거	현 재	과 거
정중체	好きです (좋아합니다)	好きでした (좋아했습니다)	好きではありません (좋아하지 않습니다)	好きではありませんでした (좋아하지 않았습니다)
보통체	好きだ (좋아한다)	好きだった (좋아했다)	好きではない (좋아하지 않는다)	好きではなかった (좋아하지 않았다)

ナ형용사도 イ형용사와 마찬가지로 어미 「だ」를 「で」로 바꾼 「NA-で(~고/서)」의 형태로 ①열거와 ②원인·이유를 나타낸다.

① 私の故郷は静かできれいなところだ。　　내 고향은 조용하고 아름다운 곳이다.
② この公園はきれいで好きだ。　　이 공원은 깨끗해서 좋아한다.

―　<ナ形容詞의 예> ―――――――――――――――――――――

好きだ(좋아하다) : 嫌いだ(싫어하다)　　上手だ(잘하다) : 下手だ(못하다)

得意だ(능숙하다) : 苦手だ(서투르다)　便利だ(편리하다) : 不便だ(불편하다)

真面目だ(성실하다) : 不真面目だ(불성실하다)

❷ NA-な + 명사

ナ形容詞의 경우, 명사 앞에서 수식하는 형태인 연체형은 「NA-な～」이다.

にぎやかな街　번화한 거리　　好きな食べ物　좋아하는 음식

❸ ～が 上手だ/下手だ

上手だ(잘하다)/下手だ(못하다)의 대상은 「を」로 받지 않고 「が」로 받는다.

日本の歌が上手ですね。　일본노래를 잘하는군요.

❹ ～が 好きだ/嫌いだ

기호를 나타내는 好きだ(좋아하다)/嫌いだ(싫어하다)의 대상은 「を」로 받지 않고 「が」로 받는다.

どんな音楽が好きですか。　어떤 음악을 좋아합니까?

❺ ~と ~と(/では) どちらが~

두 개를 들어 「어느 쪽이 ~한지」를 물을 때 사용한다.

　　東京とソウルと、どちらが暑いですか。　도쿄와 서울, 어느 쪽이 덥습니까?

❻ ~より(は)

비교의 기준을 나타낸다.

　　東京よりは寒いです。　도쿄보다는 춥습니다.

❼ ~ほど ~くありません

「~만큼 ~(하)지 않다」라는 형태로, 한 쪽을 기준으로 하여 다른 한 쪽이 그 이하의 의미를 나타내는 비교구문이다.

　　兄は弟ほど背が高くありません。　형은 동생만큼 키가 크지 않아요.

❽ ~から

화자가 주체적으로 행하는 주장, 추측, 의지, 의뢰 등의 이유 「~(이)니까」라는 의미를 나타낸다.

　　私は渋谷の方が好きです。CDショップが多いですから。
　　저는 시부야 쪽을 좋아해요. CD 가게가 많아서요.

연습문제

1. 다음 단어를 각각 한자는 히라가나로, 히라가나는 한자로 바꾸세요.

① 音楽 (　　　　)　② 僕　　(　　　　)
③ 曲　(　　　　)　④ 暑い　(　　　　)
⑤ 街　(　　　　)　⑥ うた　(　　　　)
⑦ なつ (　　　　)　⑧ とうきょう (　　　　)
⑨ ふゆ (　　　　)　⑩ じょうず　(　　　　)

2. 다음 보기와 같이 문장을 만드세요.

> 보기
> 金さん, 日本の歌, 上手だ
> ➡ 金さんは日本の歌が上手ですね。
> 李さん, どんな音楽, 好きだ
> ➡ 李さんはどんな音楽が好きですか。

① 木村さん, サッカー, 好きだ

➡ _____

② 朴さん, どんな食べ物, 嫌いだ

➡ _____

❸ 伊藤さん, 辛いもの, 苦手だ
⇨ _____

❹ 李さん, どんな科目, 得意だ
⇨ _____

3. 다음 보기와 같이 문장을 만드세요.

> 보기
>
> 東京, ソウル, 暑い / 東京
> ⇨ A : 東京とソウルとどちらが暑いですか。
> 　　B : 東京の方が暑いです。

❶ この店, あの店, 安い / あの店
⇨ A : _____

　 B : _____

❷ 弟, 兄, 背が高い / 弟
⇨ A : _____

　 B : _____

❸ コーヒー, 紅茶, 好きだ / コーヒー

⇨ A : _____

　　B : _____

4. 다음 우리말 문장을 일본어로 작문하세요.

❶ 좋아하는 과일(果物)은 무엇입니까?

⇨ _____

❷ 전에는 수학(数学)을 잘 못했어요.

⇨ _____

❸ 저는 여름보다 겨울(쪽)을 좋아해요. 눈이 많으니까요.

⇨ _____

센류(川柳)

일본문화산책
日本文化散策

300년 가까이 평화가 지속된 일본의 근세 시대에는 하이카이(俳諧)라는 단시형(短詩型) 문학이 크게 유행하였다. 그러나 이 하이카이에는 몇 가지 까다로운 규칙이 있어 일반 서민들이 자유롭게 짓기 어려웠는데 가라이 센류(柄井 川柳 : 1718~1790년)라는 사람이 나와 그러한 형식적 제한을 없애고 5·7·5의 17자로 된 평이한 구어를 사용해 일상의 애환을 읊는 새로운 스타일의 시를 유행시켜 서민들의 인기를 끌었다. 이 시는 그의 사후 그의 이름을 따 '센류'라고 부르게 되었는데 오늘날에도 가정과 직장에서의 샐러리맨들의 애환을 담은 'サラリーマン川柳'와 같은 형태로 계속되고 있다.

SMAPを どこの地図だと 聞くおやじ
SMAP를 어디 지도냐고 묻는 아부지

太るなら おいしいもので 太りたい
이왕 찔거면 맛있는 것을 먹고 찌고 싶구나

土地もある 家もあるのに 居場所なし
토지도 있고 집도 있는데도 갈 곳이 없네

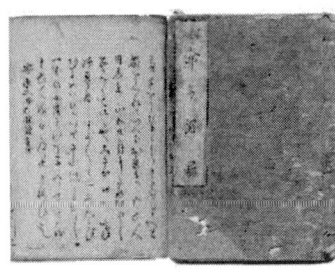

가라이 센류가 편찬한 센류집
<誹風柳多留>

제8과

たいてい、外で食べます

대개 밖에서 먹어요.

대개 밖에서 먹어요.

제8과 | たいてい、外で食べます

伊藤：木村さんは、休みの日、食事は自分で作りますか。

木村：いや、あまり作りません。たいてい、外で食べます。
　　　韓国は、安くておいしい食堂がたくさんありますから。

伊藤：どこへよく行きますか。

木村：大学の近くの「ウリ食堂」によく行きます。
　　　食事の後、店のおばさんと韓国語で話もします。

伊藤：それはいいですね。私は、安いからいつも学生食堂で
　　　食べます。食べすぎることが多いですが…。

어휘							
休(やす)み	휴일, 휴식	日(ひ)	날	食事(しょくじ)	식사	自分(じぶん)で	스스로, 자기가 직접
作(つく)ります	만듭니다	いや	아니, 아뇨	たいてい	대개	食(た)べます	먹습니다
たくさん	많이	～へ	～에/로	よく	잘, 자주	行(い)きます	갑니다
大学(だいがく)	대학(교)	近(ちか)く	근처	後(あと)	후, 뒤	店(みせ)	가게, 상점
おばさん	아주머니	韓国語(かんこくご)	한국어	話(はなし)	이야기	します	합니다
～すぎる	너무～하다	こと	적, 일	～ですが	～입니다만		

木村 ：李さん、今晩何をしますか。

李 ：あさって試験があるので、部屋で勉強します。

木村さんは何をする予定ですか。

木村 ：私は出かける予定です。ホンデ前で友達と会います。

李 ：地下鉄で行きますか。

木村 ：いいえ、バスで行きます。

| 어휘 | 今晩(こんばん) 오늘저녁, 오늘밤　あさって 모레　〜ので 〜(이)므로/때문에　勉強(べんきょう) 공부 出(で)かける 외출하다　予定(よてい) 예정　ホンデ前(まえ) 홍대앞　会(あ)う 만나다 |

표현연습

practice

Part 1

1 ～ます

① たいてい、外で食べます。
② 学生食堂によく行きます。
③ 毎日(まいにちうんどう)運動をします。

2 ～ません

① 食事はあまり作りません。
② 日曜日(にちようび)は学校(がっこう)へ行きません。
③ 雨(あめ)の日(ひ)は出かけません。

3 ～ますか

① 食事は自分で作りますか。
② どこで買(か)い物(もの)をしますか。
③ 毎日公園(こうえん)を走(はし)りますか。

4 ～から ～

① 安いからいつも学生食堂で食べます。
② おいしいから食べすぎることが多いです。
③ 日本のアニメは面白いからよく見ます。

Part 2

5 〜ますか

① 今晩何をしますか。
② あした、友達と会いますか。
③ いつ、国へ帰りますか。

6 〜ので 〜

① あさって試験があるので、部屋で勉強します。
② あまりお金がないので、高いものは買いません。
③ 地下鉄2号線の方が便利なので、時々利用します。

7 〜する 〜

① 木村さんは何をする予定ですか。
② 日本の映画を見る予定です。
③ タクシーに乗る場合もあります。

어휘			
毎日(まいにち) 매일	運動(うんどう) 운동	日曜日(にちようび) 일요일	学校(がっこう) 학교
雨(あめ) 비	買(か)い物(もの) 쇼핑	公園(こうえん) 공원	走(はし)る 달리다
あした 내일	国(くに) 고향, 나라	帰(かえ)る 돌아가다, 돌아오다	お金(かね) 돈
ない 없다	買(か)う 사다	2号線(ごうせん) 2호선	便利(べんり)だ 편리하다
時々(ときどき) 때때로, 가끔	利用(りよう)する 이용하다	映画(えいが) 영화	
タクシーに乗(の)る 택시를 타다	場合(ばあい) 경우, 때		

第8과 たいてい、外で食べます

문법포인트 해설

① 동사

일본어의 동사는 어미가 모두 ウ단음으로 끝나며, 형태적인 특징과 활용의 차이에 따라 5단동사, 1단동사, 불규칙동사의 세 종류로 나누어진다.

① 5단동사

어미가 「る」 이외의 음으로 끝나거나 「る」 앞의 음이 ア단·ウ단·オ단인 동사로, 5단에 걸쳐 활용하는 동사이다.

  会う(만나다) 聞く(듣다, 묻다) 話す(이야기하다) 立つ(서다)
  死ぬ(죽다) 読む(읽다)   泳ぐ(헤엄치다) 遊ぶ(놀다)
  ある(있다) 降る(비가/눈이 오다) 乗る(타다)

② 1단동사

어미가 「る」로 끝나고, 「る」 앞의 음이 イ단음인 상1단동사와 エ단음인 하1단동사의 두 종류가 있다. イ단 또는 エ단의 각 1단에서 활용한다.

  상1단동사 : 見る(보다) 着る(입다) 起きる(일어나다) できる(생기다)
  하1단동사 : 出る(나오다) 寝る(자다) 食べる(먹다) 教える(가르치다)

③ 불규칙동사

어간과 어미의 구별이 안 되고 활용이 불규칙한 동사이다. カ행불규칙동사와 サ행불규칙동사의 두 종류가 있다.

  カ행불규칙동사 : 来る(오다)
  サ행불규칙동사 : する(하다)

④ 예외적인 동사

1단동사와 같은 외형을 갖고 있으면서 5단활용을 하는 예외적인 동사로는 다음과 같은 것이 있다.

帰る(돌아가다/오다) 入る(들어가다/오다) 走る(달리다) 切る(자르다) 知る(알다)

❷ ~ます, ~ません

「ます」는 동사를 정중하게 표현할 때 사용한다. 반복적인 동작을 나타내기도 하고 가까운 미래의 동작을 나타내기도 한다. 그 부정형은 「ません」이다.

読む(읽다) : 読みます(읽습니다, 읽겠습니다)
　　　　　　 読みません(읽지 않습니다, 읽지 않겠습니다)

	기본형	-ます	-ません	접속방법
5단동사	読む	読みます	読みません	ウ단을 イ단으로 고치고, ます/ません을 붙인다.
상1단동사	見る	見ます	見ません	「る」를 빼고 ます/ません을 붙인다.
하1단동사	出る	出ます	出ません	
カ행불규칙동사	来る	来ます	来ません	
サ행불규칙동사	する	します	しません	

❸ ~ますか

「ます」에 「か」를 붙여 의문문을 만들 수 있다.

どこへよく行きますか。　어디에 자주 갑니까?

❹ ~ので

두 문장을 연결하여 앞의 문장이 뒤의 문장의 원인·이유가 되는 것을 나타낸다.

あさって試験があるので、部屋で勉強します。
모레 시험이 있어서 방에서 공부할 거예요.

❺ する + 명사

동사의 연체형은 기본형과 같은 형태이다.

木村さんは何をする予定ですか。　기무라씨는 뭐 할 예정입니까?

❻ ~すぎる

동사의 ます형, イ형용사와 ナ형용사의 어간에 접속되어 그 동작과 상태가 과한 것을 나타낸다. 「너무~하다」라는 마이너스적인 의미로만 쓰인다.

食べすぎる(과식하다)　高すぎる(너무 비싸다)　静かすぎる(너무 조용하다)

연습문제

1. 다음 단어를 각각 한자는 히라가나로, 히라가나는 한자로 바꾸세요.

1. 作る （　　　　）
2. 話　（　　　　）
3. 勉強（　　　　）
4. 予定（　　　　）
5. 会う（　　　　）
6. しょくじ（　　　　）
7. あと（　　　　）
8. こんばん（　　　　）
9. しけん（　　　　）
10. ちかてつ（　　　　）

2. 다음 그림을 보고 보기와 같이 문장을 만드세요.

> 보기
>
> ある ➡ あります　　いますも ➡ いる

1. 会う ➡ _____
2. 書く ➡ _____
3. 乗る ➡ _____
4. 飲む ➡ _____
5. 立つ ➡ _____
6. 見る ➡ _____
7. 帰る ➡ _____
8. 泳ぐ ➡ _____

第8과　たいてい、外で食べます

⑨ 来ます ➡ _____ ⑩ 寝ます ➡ _____

⑪ します ➡ _____ ⑫ 読みます ➡ _____

⑬ 話します ➡ _____ ⑭ 死にます ➡ _____

⑮ 起きます ➡ _____ ⑯ 遊びます ➡ _____

3. 다음 보기와 같이 답하세요.

> 보기
>
> 食事は自分で作りますか。(はい)
> ➡ <u>はい</u>、自分で作り<u>ます</u>。
> 食事は自分で作りますか。(いいえ)
> ➡ <u>いいえ</u>、<u>あまり作りません</u>。

❶ 日曜日はよく出かけますか。(いいえ)

➡ _____

❷ 学生食堂でよく食べますか。(はい)

➡ _____

❸ 毎朝、ジョギングをしますか。(はい)

➡ _____

❹ 毎日、テレビを見ますか。(いいえ)

➡ _____

4. 다음 우리말 문장을 일본어로 작문하세요.

❶ 쉬는 날에는 대개 몇 시쯤 일어납니까?

➡ _____

❷ 이 근처에는 넓고 조용한 방이 별로 없습니다.

➡ _____

❸ 주말에는 일본인 친구를 만날 예정입니다.

➡ _____

스시(寿司)

일본문화산책 日本文化散策

생선을 장기간 보존하기 위해 밥 안에 넣어 두었던 풍습에서 비롯된 음식으로 '(맛이) 시다'의 고어인 '酸し'에서 나온 말이다. 지역에 따라 鮨・鮓・寿司 등의 한자어가 사용되고 있는데 마는 방법에 따라 여러 종류로 나뉜다.

가장 대표적인 것은 손으로 쥐어 만든 '握り寿司(생선초밥)'로, 얇게 저민 어패류를 날로 또는 조리하여 초밥 위에 얹고 그 사이에 와사비를 넣은 것인데 보통은 손으로 집어 간장을 찍어 먹는다.

우리의 김밥처럼 김 위에 초밥을 놓고 그 위에 오이나 계란말이를 잘게 썰어 얹어 만든 것을 '巻き寿司(김초밥)'라 하고 굵기에 따라 '細巻' '太巻' 등으로 나뉜다.

한편 그릇에다 초밥을 담고 '具'라고 부르는 초밥재료를 그 위에 얹거나 섞은 것을 'ちらし寿司'라 하는데 명절이나 경사가 있을 때 가정에서 흔히 만들어 먹는다.

스시를 맛있게 쥐기 위해서는 오랜 경험과 기술을 요한다. 질 좋은 생선이 잡히는 철과 맛있는 부위에 정통해야 하고 제대로 저미기 위해서는 고도의 훈련이 필요하기 때문이다. 그래서 숙련된 직인이 되기 위해서는 '밥 짓는데 3년 쥐는데 8년(飯炊き三年握り八年)' 합쳐서 11년의 세월이 필요하다고 한다.

생선초밥

NEW
커뮤니케이션을 위한 캠퍼스 일본어 Level 1

제9과

週末は何をしましたか

주말에는 뭐 했어요?

제9과 주말에는 뭐 했어요?
週末は何をしましたか

木村：李さん、週末は何をしましたか。

李　：日本から伊藤さんの友達が観光に来ましたので、

　　　ソウルのいろいろなところを案内しました。

木村：そうですか。どこに行きましたか。

李　：まず、景福宮に行きました。そこで、守門将の交代式を見ました。

　　　それから、仁寺洞や明洞でショッピングをしました。

木村：南山タワーは行きましたか。

李　：時間がなかったので、南山タワーには行きませんでした。

木村：食事はどうしましたか。

李　：鐘路(ジョンノ)でサムギョプサルも食べましたし、焼酎(しょうちゅう)も飲(の)みましたよ。

　　　伊藤さんの友達は、お酒(さけ)がとても強(つよ)かったです。

語彙					
週末(しゅうまつ)	주말	観光(かんこう)	관광	～に来(く)る	～(하)러 오다
いろいろな	여러	ところ	곳	案内(あんない)	안내
まず	우선, 먼저	景福宮(キョンポックン)	경복궁	守門将(しゅもんしょう)	수문장
交代式(こうたいしき)	교대식	見(み)る	보다	それから	그리고(나서)
仁寺洞(インサドン)	인사동	ショッピング	쇼핑	時間(じかん)	시간
南山(ナムサン)タワー	남산타워	鐘路(ジョンノ)	종로	サムギョプサル	삼겹살
～し	～고	焼酎(しょうちゅう)	소주	飲(の)む	마시다
お酒(さけ)	술	強(つよ)い	세다, 강하다		

斎藤先生

お元気でいらっしゃいますか。李允美です。

私は今、北海道にいます。雪景色がとてもきれいです。昨日は小樽を観光しました。小樽は運河が有名ですが、私はまず「ラブレター」の撮影地に行きました。映画のシーンをたくさん思い出しました。お昼は海鮮丼を食べました。本当においしかったです。あしたは、登別温泉に行きます。

先生もどうぞ風邪にお気をつけください。失礼いたします。

1月 27日　李允美

표현연습

practice

Part 1

1 ～ました

① いろいろなところを案内しました。
② 写真をたくさん撮りました。
③ 日本のまんがをたくさん読みました。

2 ～ませんでした

① 南山タワーには行きませんでした。
② 甘いものは食べませんでした。
③ 今年の冬休みには国へ帰りませんでした。

3 ～に（来る/行く/出かける）(1)

① 友達が観光に来ました。
② デパートへ買い物に行きました。
③ 食事の後、散歩に出かけます。

4 ～し、～

① サムギョプサルも食べましたし、焼酎も飲みました。
② 原宿にも行きましたし、お台場にも行きました。
③ 自分で料理も作りましたし、テーブルの準備もしました。

Part 2

5　お〜ください

① どうぞ風邪にお気をつけください。
② どうぞお上(あ)がりください。
③ 少々(しょうしょう)お待(ま)ちください。

6　〜いたします

① 失礼いたします。
② ご協力(きょうりょく)いたします。
③ ご案内いたします。

어휘					
撮(と)る (사진을) 찍다	まんが 만화	読(よ)む 읽다	甘(あま)い 달다
今年(ことし) 올해	デパート 백화점	散歩(さんぽ) 산책	お台場(だいば) 오다이바
テーブルの準備(じゅんび) 테이블 세팅		上(あ)がる 들어오다	少々(しょうしょう) 잠시, 조금
待(ま)つ 기다리다	協力(きょうりょく) 협력	いたす 하다(する의 겸양어)	

1 ~ました, ~ませんでした

「~ました」는 동사의 정중형 「~ます」의 과거형이고, 「~ませんでした」는 과거부정형이다.

	긍 정	부 정
현 재	書きます (씁니다)	書きません (쓰지 않습니다)
과 거	書きました (썼습니다)	書きませんでした (쓰지 않았습니다)

2 ~に (来る/行く/出かける)

「~に」는 뒤에 이동을 나타내는 동사 「来る(오다)/行く(가다)/出かける(나가다)」 등을 수반하여 「~(하)러」라는 목적을 나타낸다. 「~に」 앞에는 동작성 명사나 ます형이 온다.

 友達が観光に来ました。 친구가 관광하러 왔습니다.
 韓国語を習いに来ました。 한국어를 배우러 왔습니다.

3 ~し、~

관련있는 사항을 열거할 때 사용한다.

 サムギョプサルも食べましたし、焼酎も飲みました。 삼겹살도 먹었고, 소주도 마셨습니다.

4 お~ください

「ください」는 「くださる(주시다)」의 명령형으로, 「お~ください」는 어떤 행위를 정중하게 의뢰하는 표현이 된다. 「~아/어 주십시오」라는 의미로, 「~てください(~아/어 주세요)」보다 더 경의(敬意)가 높다.

 どうぞ風邪にお気をつけください。 아무쪼록 감기 조심하세요.

연습문제

1. 다음 단어를 각각 한자는 히라가나로, 히라가나는 한자로 바꾸세요.

① 週末　（　　　　　）　② 観光　（　　　　　）

③ 酒　　（　　　　　）　④ 温泉　（　　　　　）

⑤ 風邪　（　　　　　）　⑥ あんない（　　　　　）

⑦ けしき（　　　　　）　⑧ ゆうめい（　　　　　）

⑨ えいが（　　　　　）　⑩ しつれい（　　　　　）

2. 다음 보기와 같이 문장을 만드세요.

> **보기**
> サムギョプサルを食べる/ 焼酎を飲む
> ⇨ サムギョプサル<u>も</u>食べ<u>ました</u>し、焼酎<u>も</u>飲み<u>ました</u>。

① いっしょに食事をする/ 写真を撮る

⇨ _____

② メールを送る/ 電話をかける

⇨ _____

❸ 買い物をする / 銀行に寄る
➡ _____

3. 다음 보기와 같이 고치세요.

> 보기
> 気をつける
> ➡ <u>お</u>気をつけ<u>ください</u>。

❶ 入る
➡ _____

❷ かける
➡ _____

❸ 使う
➡ _____

4. 다음 우리말 문장을 일본어로 작문하세요.

❶ 시간이 없어서 택시를 탔습니다.

⇨ _____

❷ 어제는 아무도 오지 않았습니다.

⇨ _____

❸ 하야시(林)씨는 식사하러 나갔습니다.

⇨ _____

어휘 送(おく)る 보내다 電話(でんわ)をかける 전화를 걸다 寄(よ)る 들르다 使(つか)う 사용하다

온천(温泉)

일본문화산책 日本文化散策

화산이 많은 일본에는 전국에 걸쳐 화산성 온천이 분포하고 있다. 온천에 대한 기록은 고대 때부터 보이나 사람들이 온천을 찾아 피로를 풀고 병을 치료하기 시작한 것은 근세 시대 이후의 일로 온천 가이드라 할 수 있는 '온천도감(温泉図鑑)'과 같은 책들이 등장하면서 일반화되었다.

온천욕을 할 때 일본사람들은 먼저 온몸을 깨끗이 씻은 다음 탕 안에 들어가는데 이는 신사(神社)를 찾을 때 입구에서 입을 행구고 손을 씻고 들어가는 것과 무관하지 않다. 예로부터 일본인들은 땅속에서 콸콸 솟아오르는 물을 대지의 신이 모습을 바꿔 나타난 것이라 여겼는데 그 때문에 물속에 들어가는 것을 대지의 신과 하나가 되는 일종의 종교행위로 인식했다. 이름난 온천에는 학이나 사슴이 찾아와 상처를 치유했다거나 고대 후기의 명승인 고보(弘法) 대사와 관련된 전설이 많이 전해 내려오고 있는데 온천이 지닌 이와 같은 신비한 힘에 대한 믿음을 반영한 것이라 하겠다.

노천탕(露天風呂)

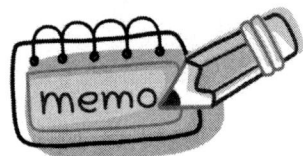

NEW
커뮤니케이션을 위한 캠퍼스 일본어 Level 1

제10과

いっしょに参加しませんか

함께 참가하지 않겠습니까?

제10과 いっしょに参加しませんか
함께 참가하지 않겠습니까?

Part 1

李　：木村さん、来月、「日韓交流祭り」というイベントがあるんですが、いっしょに参加しませんか。

木村：「日韓交流祭り」って何ですか。

李　：日本と韓国の伝統的な祭りを紹介するイベントです。パレードや、いろいろなステージがあります。本当ににぎやかですよ。日本からもたくさん参加団体が来ますし。

木村：へえ、ぜひ見たいです。それで、私たちは何をするんですか。

李　：私たちは、学生ボランティアとして、通訳や案内の
　　　お手伝いをします。たくさん友達ができますよ。
木村：いいですね。金さんと伊藤さんも誘いましょう。

어휘						
来月(らいげつ)	다음달	日韓交流(にっかんこうりゅう)	한일교류		祭(まつ)り	축제
～という	～라고 하는	イベント	이벤트	いっしょに	함께, 같이	参加(さんか)する 참가하다
～って	～(이)란, 라는 것은		伝統的(でんとうてき)	전통적	紹介(しょうかい)する	소개하다
パレード	퍼레이드, 행진	ステージ	스테이지, 무대		団体(だんたい)	단체
へえ (감탄・놀람・의아 또는 어이없음을 나타내는 소리) 허, 허참, 저런				ぜひ	꼭, 반드시	
～たい	～(하)고 싶다	それで	그래서	私(わたし)たち	우리들	ボランティア 볼런티어, 자원봉사자
～として	～로서	通訳(つうやく)	통역	お手伝(てつだ)い	도와줌	できる 생기다
誘(さそ)う	권(유)하다	～ましょう	～(합)시다			

金　：伊藤さん、あした、日本のアニメを見に行きませんか。

伊藤：あしたはちょっと都合が悪いんですが…。

　　　何のアニメですか。

金　：「崖の上のポニョ」です。

伊藤：宮崎駿アニメですね。私も見たかったんですが。

　　　また、今度…。

어휘				
ちょっと 좀, 잠깐	都合(つごう) 형편, 사정	悪(わる)い 나쁘다	崖(がけ) 벼랑	ポニョ 포뇨
宮崎駿(みやざきはやお) 미야자키 하야오 (감독)		また 또, 다시	今度(こんど) 이 다음, 이번	

Part 1

1　〜ませんか

① いっしょに参加しませんか。
② みんなで映画を見に行きませんか。
③ ちょっと休みませんか。

2　〜って何ですか

① 「日韓交流祭り」って何ですか。
② 「オタク」って何ですか。
③ 「コスプレ」って何ですか。

3　〜たい

① ぜひ見たいです。
② 日本へ旅行したいです。
③ コーヒーが飲みたいです。

4　〜んですか

① それで、私たちは何をするんですか。
② それで、伊藤さんはいつ来るんですか
③ それで、誰が行くんですか。

5 ～として

① 学生ボランティアとしてお手伝いをします。
② 学科の代表(だいひょう)として参加します。
③ 先輩としてアドバイスをすることもあります。

6 ～ましょう

① 伊藤さんも誘いましょう。
② あの店で買いましょう。
③ 今日は地下鉄で帰りましょう。

Part 2

7 ～に (来る/行く/出かける) (2)

① 日本のアニメを見に行きませんか。
② 私は韓国語を習(なら)いに来ました。
③ バイトをしに出かけます。

8 何の ～ですか。

① 何のアニメですか。 ⇒ 「崖の上のポニョ」です。
② 何の木ですか。 ⇒ アカシアです。
③ 何の曲ですか。 ⇒ 「四季(しき)の歌」です。

어휘
みんなで 모두, 다같이   休(やす)む 쉬다
コスプレ 만화・애니메이션・컴퓨터게임 등에 등장하는 인물의 의상・머리스타일을 흉내 내어 변장하는 것. 코스튬플레이의 준말
オタク 관심 있는 특정분야에 대해서만 잘 알고, 그 이외의 지식 또는 사회성 등이 결여된 사람을 일컫는 말
旅行(りょこう) 여행   代表(だいひょう) 대표   アドバイス 어드바이스, 충고
習(なら)う 배우다   アカシア 아카시아   四季(しき) 사계

문법포인트 해설

① ~ませんか

상대방에게 정중하게 권유할 때 사용한다. 우리말의 「~지 않겠습니까/않을래요?」에 해당된다.

いっしょに参加しませんか。 함께 참가하지 않을래요?

② ~って 何ですか

「~って」는 스스럼없는 회화 장면에서 자주 쓰이는데, 어떤 것을 화제로 들어서 의미나 정의를 말하기도 하고 평가를 내릴 때 사용된다. 뒤에 「何ですか」를 수반하여 「~란 건 뭔가요?」라는 표현이 된다.

「日韓交流祭り」って何ですか。 「한일교류축제」란 건 뭔가요?

③ ~たい

동사의 ます형에 접속되어, 말하는 이의 행위 실현에 대한 욕구, 희망을 나타낸다.

ぜひ見たいです。 꼭 보고 싶어요.

第10課 **いっしょに参加しませんか**

④ ~んですか

문말의「~のです」는 기본형 또는 た형에 접속되어, 어떤 기정사실로 파악된 사항의 배경에 대해 화자가 설명을 가하거나 상대방에게 그 설명을 요구하는 경우에 쓰인다. 대화문에서는 빈번하게 사용되는데,「~んです」로 음이 변하는 경우가 많다.

それで、私たちは何をするんですか。　그래서 우리들은 뭘 하는 건가요?

⑤ ~として

앞에 접속된 명사류의 자격, 입장 등을 나타낸다.

学生ボランティアとして、お手伝いをします。
학생자원봉사자로서 돕는 일을 합니다.

⑥ ~ましょう

「~ましょう」는 화자가 어떤 동작을 상대방과 함께 하는 것을 전제로 하여 권유하는 표현이다.

伊藤さんも誘いましょう。　이토씨도 같이 가자고 합시다.

연습문제

1. 다음 단어를 각각 한자는 히라가나로, 히라가나는 한자로 바꾸세요.

① 祭り （　　　　）　② 伝統的　（　　　　）
③ 団体　（　　　　）　④ 誘う　（　　　　）
⑤ 都合　（　　　　）　⑥ こうりゅう（　　　　）
⑦ さんか　（　　　　）　⑧ しょうかい（　　　　）
⑨ つうやく（　　　　）　⑩ てつだい　（　　　　）

2. 다음 보기와 같이 주어진 단어를 밑줄부에 고쳐 넣으세요.

> 보기
> ぜひ＿＿見たい＿＿です。(見る)

① 冷たいものが＿＿＿＿＿＿＿です。(飲む)

② 日本語の教師に＿＿＿＿＿＿＿です。(なる)

③ 銀行で＿＿＿＿＿＿＿です。(働く)

3. 다음 보기에서 각 ( ) 안에 들어갈 알맞은 말을 골라 넣으세요.

> 보기
> a. に   b. って   c. として

① 「JLPT」( ) 何ですか。

② コーヒーを飲み( )行きませんか。

③ 韓国の代表( )出席しました。

4. 다음 우리말 문장을 일본어로 작문하세요.

① 나도 함께 가고 싶었는데요.
➡ _____

② 10분 후 1층 로비에서 만납시다.
➡ _____

③ 스즈키아야(鈴木アヤ)라는 친구가 있습니다.
➡ _____

어휘 冷(つめ)たい 차갑다　教師(きょうし) 교사　～になる ～가/이 되다　働(はたら)く 일하다
出席(しゅっせき) 출석

마쓰리(祭り)

일본문화산책
日本文化散策

　예로부터 일상과 비일상을 엄격히 구분해온 일본인들은 특별히 날을 정해 신령을 달래고 환대하는 의식을 행하여 왔는데 이러한 특별한 의식이나 행사가 다름 아닌 '마쓰리'이다. 본래는 지역이나 조상의 신령에 대한 제사 의식에서 출발하였으나 오늘날에는 풍년이나 사업의 번성, 무병장수, 가내안전 등을 기원하는 다양한 내용과 형태로 변모되어 각지에서 행해지고 있다.

　주로 신사나 사원이 주체가 되거나 무대가 되어 행해지는데 신령을 가마(お神輿)나 수레(山車)에 모셔다가 안치하고 공양과 예능으로 환대한 후 다시 돌려보내는 순서로 이루어진다.

　지역에 따라서는 화려한 의상이나 화장으로 치장한 참가자들이 떼를 지어 춤을 추거나 행렬을 이루어 걷는 등 세속적인 형태로 변모돼 치뤄지기도 하는데 참가자들이 출신지역이나 직업, 연령과 같은 벽을 허물고 공동체의 구성원으로서 일체감을 갖게 하는 순기능을 지니고 있다.

도쿠시마(德島)현의 마쓰리 '阿波おどり'

제10과　いっしょに参加しませんか

NEW
커뮤니케이션을 위한 캠퍼스 일본어 Level 1

제11과

今、グラウンドでサッカーをしているんです

지금 운동장에서 축구를 하고 있어요.

제11과 | 今、グラウンドでサッカーをしているんです

지금 운동장에서 축구를 하고 있어요.

金 : もしもし、木村さん。今、何をしていますか。
木村 : 何もしていません。寮の部屋にいます。
金 : 実は、今、グラウンドでサッカーをしているんです。
　　　メンバーが足りないので、木村さん、ぜひ来てください。
木村 : もちろん、いいですよ。すぐ行きます。

　　　　　　＊　＊　＊

李 : 木村さん、私も応援しています。がんばって!
木村 : ありがとう。あれ、伊藤さんは?
李 : 向こうで、試合の写真を撮っていますよ。
木村 : あ、本当だ。では、行って来ます。

어휘							
もしもし	여보세요	~(し)ている	~(하)고 있다	何(なに)も	아무것도	寮(りょう)	기숙사
実(じつ)は	사실은	グラウンド	그라운드, 운동장	サッカー	축구	メンバー	멤버, 회원
足(た)りない	부족하다	もちろん	물론	すぐ	곧	応援(おうえん)	응원
向(む)こう	저쪽	試合(しあい)	시합	では	그럼	行(い)って来(き)ます	다녀오겠습니다

観光客 ： ちょっと、すみません。ここから新村のコスモス
デパートまで行きたいんですが。

金 ： 新村のコスモスデパートですね。まず、ここから
地下鉄1号線に乗って、シチョン駅まで行きます。

観光客 ： シチョン駅…。

金 ： はい。シチョン駅で2号線に乗り換えて、新村駅
で降りて、1番出口を出てください。
すぐにデパートが見えますよ。

観光客 ： どうもありがとうございます。
日本語がとても上手ですね。

金 ： ありがとうございます。
今、大学で勉強しているんです。

어휘	観光客(かんこうきゃく) 관광객	新村(シンチョン) 신촌	コスモスデパート 코스모스백화점
1号線(いちごうせん) 1호선	シチョン駅(えき) 시청역	乗(の)り換(か)える 갈아타다
降(お)りる 내리다	1番出口(いちばんでぐち) 1번 출구	出(で)る 나오다, 나가다
見(み)える 보이다		

표현연습

Part 1

1 ～ている

① 今、グラウンドでサッカーをしているんです。
② 父は今、新聞を読んでいます。
③ 弟は音楽を聞いています。

2 ～てください

① ちょっと、待ってください。
② また来てください。
③ 窓を閉めてください。

Part 2

3 ～て、～て、～

① シチョン駅で2号線に乗り換えて、新村駅で降りて、一番出口を出てください。
② 本屋に寄って、本を2冊買って、家へ帰りました。
③ 家へ帰って、お風呂に入って、11時頃寝ました。

4 とても ～ですね

① 日本語がとても上手ですね。　② ブラウスがとてもきれいですね。
③ 帽子がとてもかっこいいですね。

어휘					
父(ちち) 아버지	聞(き)く 듣다	窓(まど) 창문	閉(し)める 닫다	寄(よ)る 들르다
～冊(さつ) ～권	家(いえ) 집	お風呂(ふろ)に入(はい)る 목욕하다	～頃(ころ/ごろ) ～경
寝(ね)る 잠자다	ブラウス 블라우스	帽子(ぼうし) 모자	かっこいい 멋지다

문법포인트 해설

1 동사의 음편

ます형이 뒤에 「て, た」 등에 연결될 때 발음이 변하는 현상을 음편(音便) 현상이라 하는데 5단동사에 한해 일어나며, い음편・촉(っ)음편, 발(ん)음편의 세 종류가 있다.

음편의 종류	예	비고
い음편 き, ぎ → い	書く → 書きます (*書きて) → 書いて 泳ぐ → 泳ぎます (*泳ぎて) → 泳いで	어미가 「ぐ」인 경우는 「て」가 「で」로 바뀜
촉(っ)음편 い, ち, り → っ	会う → 会います (*会いて) → 会って 待つ → 待ちます (*待ちて) → 待って 乗る → 乗ります (*乗りて) → 乗って	
발(ん)음편 に, び, み → ん	死ぬ → 死にます (*死にて) → 死んで 遊ぶ → 遊びます (*遊びて) → 遊んで 読む → 読みます (*読みて) → 読んで	어미가 「ぬ, ぶ, む」인 경우는 「て」가 「で」로 바뀜
예 외	行く → 行きます (*行きて) → 行って 話す → 話します → 話して	(*行いて) ます형과 같음

단, ます형이 「~ぎ, に, び, み」인 경우의 「て, た」는 「で, だ」로 발음된다.
현대어에서 「*」는 사용되지 않는다.

1단동사와 불규칙동사는 음편현상이 일어나지 않아 て형, た형이 ます형과 같다.

見る	見ます	見て/見た	寝る	寝ます	寝て/寝た
来る	来ます	来て/来た	する	します	して/した

第11課 **今、グラウンドでサッカーをしているんです**

❷ ～ている

동사의 て형 뒤에 「いる」가 보조동사로 쓰인 「～ている」는 ①동작의 진행 ②동작・작용의 결과 생긴 상태를 나타내, 각각 우리말의 「～고 있다」「～아/어 있다」에 해당된다. 그 밖에 ③반복해서 행해지는 습관을 나타내기도 한다.

① 今、グラウンドでサッカーをしているんです。
　　지금 운동장에서 축구를 하고 있는데요.
② 桜がきれいに咲いています。
　　벚꽃이 예쁘게 피어 있습니다.
③ 毎年、海外旅行をしています。
　　매년 해외여행을 하고 있습니다.

❸ ～て、～て、～

행위를 나타내는 사항을 연결해서, 그 행위가 연속적으로 이루어지는 것을 나타낸다.

シチョン駅で2号線に乗り換えて、新村駅で降りて、1番出口を出てください。
　시청역에서 2호선으로 갈아타고 신촌역에서 내려 1번 출구로 나가세요.

연습문제

1. 다음 단어를 각각 한자는 히라가나로, 히라가나는 한자로 바꾸세요.

① 寮　　　　（　　　　）　② 足りない（　　　　）
③ 撮る　　　（　　　　）　④ 本当　　（　　　　）
⑤ 乗り換える（　　　　）　⑥ おうえん（　　　　）
⑦ しあい　　（　　　　）　⑧ しゃしん（　　　　）
⑨ えき　　　（　　　　）　⑩ でぐち　（　　　　）

2. 다음 보기와 같이 각 동사의 기본형을 ている형(히라가나)으로 고치세요.

> 보기
> 書く ➡ かいている

① 入る ➡ ＿＿＿＿＿＿＿　② 聞く ➡ ＿＿＿＿＿＿＿

③ 乗る ➡ ＿＿＿＿＿＿＿　④ 読む ➡ ＿＿＿＿＿＿＿

⑤ 行く ➡ ＿＿＿＿＿＿＿　⑥ 起きる ➡ ＿＿＿＿＿＿＿

⑦ 帰る ➡ ＿＿＿＿＿＿＿　⑧ 待つ ➡ ＿＿＿＿＿＿＿

第11課　今、グラウンドでサッカーをしているんです

⑨ 来る ➡ _____　⑩ 死ぬ ➡ _____

⑪ 遊ぶ ➡ _____　⑫ 走る ➡ _____

⑬ 思う ➡ _____　⑭ 泳ぐ ➡ _____

3. 다음 보기와 같이 고치세요.

> 보기
> 向こうで写真を撮る
> ➡ 向こうで写真を撮っています。

❶ 日本語を教える

➡ _____

❷ まだ電気がつく

➡ _____

❸ プールで泳ぐ

➡ _____

4. 다음 우리말 문장을 일본어로 작문하세요.

① 기무라씨는 미국에 있는 친구에게 편지(手紙)를 쓰고 있습니다.

➡ _____

② 안경을 쓰고(眼鏡をかける) 있는 사람이 점장(店長)입니다.

➡ _____

③ 저도 응원할테니까 잘 하세요.

➡ _____

어휘: 思(おも)う 생각하다   教(おし)える 가르치다   電気(でんき)がつく 불이 켜지다   プール 수영장

스모(相撲)

일본문화산책 日本文化散策

　스모는 오랜 역사를 지닌 스포츠로 예로부터 민간에서는 길흉을 점치고 풍년을 빌기 위해 마을 제사 때 실시하였으며 궁중에서도 신탁을 묻기 위한 의례로써 행해져 왔는데 중세 이후 왕권이 쇠퇴하면서 사라졌다가 근세 시대에 흥행의 일종으로 다시 부활하여 현재까지 대중들의 사랑을 받고 있는 일본의 국기(國技)이다.

　'요코즈나(橫綱)' '오제키(大關)' '세키와케(關脇)' 등의 등급이 매겨진 씨름꾼(力士)들은 동서(東西) 양 진영으로 나뉘어 연 6회 대도시를 돌며 15일씩 시합을 벌이는데, 본 경기에 앞서 4분 동안 몸을 숙여 돌진 자세를 취하며 서로 노려보기도 하고 일어나 씨름판에 소금을 뿌리는 등의 퍼포먼스를 행하다가 시간이 되면 70여 가지에 이르는 기술을 사용해 승부를 결정짓는다.

　경기는 흙으로 빚어 만든 54 센티미터 높이의 사각형 단에 직경 4.55미터의 원을 그려 놓은 '土俵' 위에서 이루어지는데 샅바와 비슷한 '廻し'를 맨 씨름꾼들이 맞붙어 먼저 발이 원 밖으로 나가거나 지면에 닿게 되면 승패가 갈리게 된다.

土俵에서 힘을 겨루는 力士

제12과

ミュージカルを見たことが
ありますか

뮤지컬을 본 적이 있습니까?

뮤지컬을 본 적이 있습니까?

제12과 | ミュージカルを見たことがありますか

李 ：木村さん、ミュージカルを見たことがありますか。
木村：はい、東京で一度(いちど)見たことがあります。
　　　劇団四季(げきだんしき)の「キャッツ」を見ました。
李 ：そうですか。それ、ソウルでもやりましたよ。
　　　最近(さいきん)、韓国でもミュージカルがすごく人気(にんき)があるんです。
　　　木村さんは大学路(テハンノ)に行ったことがありますか。
木村：はい。先週(せんしゅう)も行きました。小劇場(しょうげきじょう)もたくさんあるし、
　　　路上(ろじょう)ライブなどもあるし、すごく楽しいところですね。
李 ：次はいっしょに大学路へ行って、演劇(えんげき)でも見ませんか。
木村：あ、そうしましょう。楽(たの)しみです。

어휘					
ミュージカル	뮤지컬	一度(いちど)	한번	劇団(げきだん)	극단	キャッツ	캣츠
やる	하다	最近(さいきん)	요즘, 최근	人気(にんき)	인기	大学路(テハンノ)	대학로
先週(せんしゅう)	지난주	小劇場(しょうげきじょう)	소극장			路上(ろじょう)	노상
ライブ	라이브	演劇(えんげき)	연극	～でも	～라도	楽(たの)しみ	즐거움, 재미

李　：昨日、友達の結婚式があったんですよ。

伊藤：お友達が結婚したんですか？早いですね。

李　：はい、20歳の花嫁さんです。伊藤さんは、韓国で結婚式に行ったことがありますか。

伊藤：まだ行ったことはありません。でも、ドラマで韓国の伝統的な結婚式を見たことはあります。婚礼衣装がすごくきれいでした。

어휘			
結婚式(けっこんしき) 결혼식	結婚(けっこん)する 결혼하다		早(はや)い 이르다, 빠르다
花嫁(はなよめ) 신부	まだ 아직	ドラマ 드라마	婚礼衣装(こんれいいしょう) 결혼식의상

第12과　ミュージカルを見たことがありますか　147

표현연습

Part 1

1 ～たことがある

① ミュージカルを見たことがありますか。
② ホームステイをしたことがあります。
③ この歌は一度聞いたことがあります。

2 ～でも

① いっしょに演劇でも見ませんか。
② いっしょに食事でもしたいんですが。
③ お茶でも飲みましょう。

Part 2

3 ～たんですか

① お友達が結婚したんですか。
② 会社を辞めたんですか。
③ また授業に遅れたんですか。

4 ～たことはない

① まだ行ったことはありません。
② まだ新幹線に乗ったことはありません。
③ スピーチ大会に参加したことはありません。

어휘 ホームステイ 홈스테이 会社(かいしゃ) 회사 辞(や)める 그만두다 遅(おく)れる 늦다, 지각하다
新幹線(しんかんせん) 신간선, 일본철도의 도시간 고속간선철도 スピーチ大会(たいかい) 스피치대회

문법포인트 해설   Point

① ~たことがある/~たことはない

「た」는 동사, イ형용사, ナ형용사, 명사 술어 등에 접속되어 과거 또는 완료의 의미를 나타낸다. 동사에는 て형과 같은 방법으로 접속된다. 「~たことがある」는 과거에 「~(한) 적/일이 있다」라는 경험을 나타낸다. 반대로 「~(한) 적/일은 없다」와 같이 어떤 경험이 없음을 나타낼 때는 「~たことはない」로 표현한다.

ミュージカルを見たことがあります。   뮤지컬을 본 적이 있습니다.
まだ行ったことはありません。   아직 간 적은 없습니다.

② ~でも

그 밖에도 선택할 수 있는 사항이 있음을 암시하는데, 그 중 한 가지 예를 들어 나타낼 때 사용한다.

いっしょに演劇でも見ませんか。   같이 연극이라도 보지 않을래요?

연습문제

1. 다음 단어를 각각 한자는 히라가나로, 히라가나는 한자로 바꾸세요.

① 四季　（　　　　　）　② 小劇場　（　　　　　）

③ 路上　（　　　　　）　④ 先週　（　　　　　）

⑤ 衣装　（　　　　　）　⑥ さいきん（　　　　　）

⑦ にんき　（　　　　　）　⑧ たのしい（　　　　　）

⑨ けっこん（　　　　　）　⑩ はなよめ（　　　　　）

2. 다음 보기와 같이 각 동사의 기본형을 た형(히라가나)으로 고치세요.

보기
思う ➡ おもった

① 走る ➡ ＿＿＿＿＿＿＿　② 置く ➡ ＿＿＿＿＿＿＿

③ 撮る ➡ ＿＿＿＿＿＿＿　④ 休む ➡ ＿＿＿＿＿＿＿

⑤ 行く ➡ ＿＿＿＿＿＿＿　⑥ 見る ➡ ＿＿＿＿＿＿＿

⑦ 泳ぐ ➡ ＿＿＿＿＿＿＿　⑧ 持つ ➡ ＿＿＿＿＿＿＿

⑨ 買う ➡ _____　　⑩ 死ぬ ➡ _____

⑪ 呼ぶ ➡ _____　　⑫ 会う ➡ _____

⑬ 来る ➡ _____　　⑭ 話す ➡ _____

3. 다음 보기와 같이 고치세요.

> 보기
> 英語で発表する (○)
> ➡ 英語で発表したことがあります。
> 英語で発表する (×)
> ➡ 英語で発表したことはありません。

❶ 映画の試写会へ行く(○)

➡ _____

❷ ヨーロッパへ行く (×)

➡ _____

❸ 料理を習う (×)

➡ _____

❹ 着物を着る (○)

➡ _____

4. 다음 우리말 문장을 일본어로 작문하세요.

❶ 가부키(歌舞伎)를 본 적은 한 번도 없습니다.

⇨ _____

❷ 이 공원은 조용하고, 깨끗하고, 또 오고 싶은 곳이네요.

⇨ _____

❸ 다같이 조그만 선물(プレゼント)이라도 할까요?

⇨ _____

어휘					
置(お)く 두다	持(も)つ (손에) 들다	呼(よ)ぶ 부르다	発表(はっぴょう) 발표
ヨーロッパ 유럽	着物(きもの) 기모노	試写会(ししゃかい) 시사회	

일본의 결혼식

각 시대에 따라 결혼식의 양상은 다양한 변모를 보였는데 고대에는 남자가 여자 집을 드나들며 구애하다가 여자 부모가 허락하면 결혼이 성립되는 - 즉 장가가는 - 형태였다. 그러다가 중세 시대부터 무인들이 집권하면서 여자를 남자 집에 맞아들이는 - 시집가는 - 형태로 바뀌었고, 식은 남자 집에 친척들이 모인 가운데 신랑과 신부가 세 개의 술잔을 서로 세 번씩 주고받는 의식('三三九度の杯')을 치름으로써 이루어졌다.

명치(明治)시대 이후에는 서양인들이 교회에서 결혼하는 방식을 모방하여 신사에서 식을 올리는 신전결혼식(神前結婚式)과 기독교식이 새롭게 도입되었는데 예식이 끝난 후에는 친척과 친지를 초대해 성대하게 결혼피로연을 여는 것이 관례이다.

2008년에 치뤄진 예식을 보면 기독교식 64%, 신전결혼식 18% 기타 18% 등의 분포를 보이고 있는데, 결혼식 장소로는 호텔이 35%, 결혼식장이 28% 등을 차지하고 있다.

 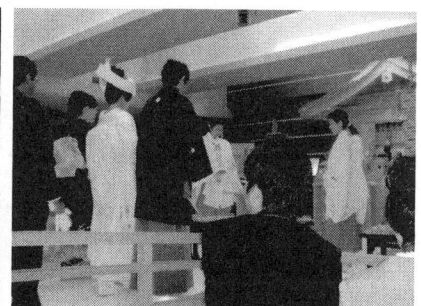

神前結婚式

NEW
커뮤니케이션을 위한 캠퍼스 일본어 Level 1

본문·표현연습 해석

제2과 잘 부탁드립니다.

Part 1

기무라 : 처음 뵙겠습니다. 저는 기무라 코타입니다.
이 : 처음 뵙겠습니다. 이윤미입니다.
기무라 : 잘 부탁드립니다.
이 : 저야말로 잘 부탁합니다.
기무라 : 저, 이윤미씨의 전공은 영어입니까?
이 : 아뇨, 영어가 아니에요. 일본어입니다.
　　　　기무라씨의 전공은 뭔가요?
기무라 : 제 전공은 역사입니다.

Part 2

이 : 안녕하세요?
기무라 : 안녕하세요?
이 : 기무라씨, 이쪽은 김태우씨에요.
　　　　생명공학과 1학년이고 제 친구에요.
김 : 처음 뵙겠습니다. 김태우입니다. 잘 부탁합니다.
기무라 : 유학생(인) 기무라입니다. 잘 부탁합니다.

　　　　　　　　＊　＊　＊

김 : 기무라씨의 취미는 뭡니까?
기무라 : 제 취미는 축구입니다.
김 : 아, 제 취미도 축구에요.
기무라 : 아, 그래요?

표현연습

Part 1

1. ① 저는 기무라 코타입니다.
　② 저는 대학생이에요.
　③ 기무라씨는 유학생입니다.

2. ① 전공은 영어가 아닙니다.
　② 저는 일본사람이 아니에요.

③ 저는 학생이 아닙니다.

3. ① 전공은 영어입니까?
   ② 기무라씨는 유학생이에요?
   ③ 진씨는 중국사람입니까?

4. ① 제 전공은 역사입니다.
   ② 김태우씨의 취미는 축구입니다.
   ③ 이토씨는 제 친구에요.

Part 2

5. ① 생명공학과 1학년이고 제 친구에요.
   ② 일본사람이고 유학생입니다.
   ③ 영문과 3학년이고 최하나씨의 선배입니다.

6. ① 유학생(인) 기무라입니다.
   ② 친구(인) 김태우씨입니다.
   ③ 선배(인) 박진호씨입니다.

7. ① 제 취미도 축구입니다.
   ② 김태우씨도 1학년이에요.
   ③ 다나카씨도 유학생입니다.

제3과 이건 한국 떡입니다.

Part 1

기무라 : 이윤미씨, 그건 뭡니까?
이　　 : 이건 한국 떡이에요.
기무라 : 이것도 한국 겁니까?
이　　 : 네, 그렇습니다. 그건 수정과와 오미자차에요. 드세요.
기무라 : 정말 고마워요. 잘 먹겠습니다.
　　　　그런데 동아리방은 어딥니까?
이　　 : 이쪽이에요.

Part 2

기무라 : 여기는 뭡니까?
이　　 : 여기는 일본어학과 세미나실이에요. 옆은 사무실입니다.

　　　　＊　＊　＊

이토 : 미안합니다, 버스정류장은 어디에요?
김　 : 버스정류장은 저 건물 뒤에요.
이토 : 고맙습니다.

表現練習

Part 1

1. ① 그건 무엇입니까? 이건 한국 떡입니다.
   ② 이건 뭐에요? 그건 일본 낫토에요.
   ③ 저건 무엇입니까? 저건 모노레일이에요.

2. ① 그건 수정과와 오미자차입니다.
   ② 이건 친구의 가방과 우산이에요.
   ③ 저건 삿포로의 도청과 시계탑 사진입니다.

3. ① 이것도 한국 거에요?
   ② 그건 누구 거에요?
   ③ 저것도 이윤미씨의 것입니까?

4. ① 화장실은 어느 쪽입니까? 이쪽입니다.
   ② 잡지코너는 어느 쪽입니까? 저쪽입니다.
   ③ 학생식당은 어느 쪽입니까? 저쪽이요.

Part 2

5. ① 버스정류장은 어디입니까? 저 건물 뒤입니다.
   ② 매점은 어딥니까? 이 건물 3층이에요.
   ③ 세미나실은 어디에요? 사무실 옆이요.

6. ① 여긴 무엇입니까? 여긴 세미나실입니다.
   ② 저긴 뭐에요? 저긴 복사실이에요.
   ③ 저긴 무엇입니까? 저긴 일본어학과 사무실이에요.

제4과 볼펜은 있습니까?

Part 1

기무라 : 매점은 어딥니까?
이　　 : 이 건물 3층에 있어요.
기무라 : 볼펜은 있습니까?
이　　 : 네, 있어요.
기무라 : 책도 있어요?

이   : 아니요, 책은 없어요. 먹을거리랑 문구 등이 있어요.
　　　　서점은 1층입니다.

　　　　　　　＊　＊　＊

기무라 : 지금 사무실에 누군가 있어요?
이   : 사무실에는 아무도 없어요. 하지만 옆 세미나실에는
　　　　학생이 있습니다.
기무라 : 그래요? 고맙습니다.

Part 2

기무라 : 어, 열쇠가 없어요.
이   : 책상 위는요?
기무라 : 없어요.
이   : 가방 속에는요?
기무라 : 없어요.
이   : 문밖에는요?
기무라 : 아!

표현연습

Part 1

1. ① 매점은 이 건물 3층에 있습니다.
   ② 신문은 테이블 위에 있어요.
   ③ 안경은 가방 속에 있습니다.

2. ① 책은 없습니다.
   ② PC는 없어요.
   ③ 은행은 없습니다.

3. ① 먹을거리랑 문구 등이 있습니다.
   ② 슬리퍼랑 운동화 등이 있어요.
   ③ 편의점이랑 꽃집 등이 있습니다.

4. ① 세미나실에는 학생이 있습니다.
   ② 테이블 옆에는 강아지가 있어요.
   ③ 나무 밑에 사람이 있어요.

5. ① 사무실에 아무도 없습니다.
   ② 방안에는 한사람도 없어요.
   ③ 점심시간은 교실에 아무도 없어요.

Part 2

6. ① 어, 열쇠가 없어요.
   ② 어, 지갑이 없어요.
   ③ 어, 표가 없어요.

제5과   제 생일은 12월 24일입니다.

Part 1

김   : 이토씨의 생일은 언제입니까?
이토 : 제 생일은 5월 5일이에요.
김   : 아, 「어린이날」이군요. 몇 년생이세요?
이토 : 1991년생이고 세는 나이로 지금 20살이에요. 김태우씨는요?
김   : 저도 91년생이에요. 동갑이군요. 제 생일은 12월 24이에요.
이토 : … 크리스마스이브네요!

*   *   *

이토 : 김태우씨, 핸드폰 있어요?
김   : 네 있습니다.
이토 : 번호는 몇 번이세요?
김   : 010-321-5786입니다.
이토 : 음, 010-321-5786 이라고요. 고맙습니다.

Part 2

기무라 : 이윤미씨, 다음 수업은 몇 시부터죠?
이   : 오후 1시부터에요. 일본어회화수업이에요.
기무라 : 일본어회화수업은 무슨 요일에 있나요?
이   : 월요일하고 수요일하고 금요일에 있어요.
기무라 : 오늘 마지막 수업은 몇시까지죠?
이   : 5시 50분까지요.

표현연습

Part 1

1. ① 이토씨 생일은 언제입니까? 5월 5일입니다.
   ② 일본어 시험은 언제에요? 9월 10일이에요.
   ③ 작별파티는 언제죠? 14일 토요일이에요.

2. ① 핸드폰번호는 몇 번입니까? 010-321-5786입니다.
   ② 전화번호는 몇 번이세요? 02-973-1004입니다.
   ③ 학번은 몇 번입니까? 2009537입니다.

Part 2

3. ① 다음 수업은 오후 1시부터입니다.
   ② 시험은 오전 9시부터입니다.
   ③ 여름방학은 다음 주 월요일부터에요.

4. ① 마지막 수업은 5시 50분까지입니다.
   ② 겨울방학은 2월 28일까지에요.
   ③ 아르바이트는 밤 10시까지입니다.

제6과 김치찌개가 맛있어요.

Part 1

이토 : 이 레스토랑 요리는 맛있어요?
이   : 맛있지만 좀 비싸요.
이토 : 저쪽 식당은 어때요?
이   : 싸고 맛있어요. 특히 김치찌개가 맛있어요.
이토 : 맵지 않나요?
이   : 맵지만 맛있어요.
이토 : 음…, 맵지 않은 게 좋은데.

              *   *   *

이토 : 이 빨간 스웨터는 얼마에요?
점원 : 2만원입니다.
이   : 그다지 비싸지 않네요. 디자인도 예뻐요.
이토 : 그렇네요. 그럼 이거 M사이즈 주세요.

Part 2

기무라 : 김태우씨, 어제 애니메이션 상영회는 어땠어요?
김   : 너무 재밌었어요. 일본어는 좀 어려웠지만 스토리는
         어렵지 않았어요.
기무라 : 그거 다행이네요. 사람은 많았나요?
김   : 아뇨, 별로 많지 않았어요. 좀 쓸쓸했어요.

표현연습

Part 1

1. ① 이 레스토랑 요리는 맛있습니다.
   ② 이 디카는 비싸요.
   ③ 제 방은 좁아요.

2. ① 저쪽 식당은 싸고 맛있어요.
   ② 사무실은 밝고 넓습니다.
   ③ 여동생 핸드폰은 가볍고 귀여워요.

3. ① 맵지 않습니까?
   ② 그 시험은 어렵지 않습니까?
   ③ 역은 멀지 않아요.

4. ① 맵지 않은 게 좋은데.
   ② 비싸지 않은 디카가 좋은데.
   ③ 어둡지 않은 방이 좋은데.

5. ① 이거 M사이즈 주세요.
   ② 80엔짜리 우표 한 장 주세요.
   ③ 커피 주세요.

Part 2

6. ① 애니메이션 상영회는 너무 재밌었습니다.
   ② 오늘 아침은 추웠어요.
   ③ 어제 파티는 너무 즐거웠어요.

7. ① 별로 많지 않았습니다.
   ② 전혀 어렵지 않았어요.
   ③ 작년 여름은 덥지 않았어요.

제7과 일본노래를 잘하네요.

Part 1

이토 : 김태우씨는 일본노래를 잘하네요.
김　 : 고맙습니다. 이토씨는 어떤 음악을 좋아하세요?
이토 : 전에는 로큰롤을 좋아했었는데 지금은 한국 대중가요가 좋아요.
　　　하지만 노래는 잘 못해요.

김　　: 괜찮아요. 저도 전에는 잘 못했어요.
이토　: 정말이세요?
김　　: 아, 다음 곡, 이토씨에요. 잘 하세요!

Part 2

이　　 : 여름은 도쿄와 서울, 어느 쪽이 더운가요?
기무라 : 도쿄 쪽이 더워요. 서울의 겨울은 어때요?
이　　 : 도쿄보다는 춥지만 이전만큼 춥진 않아요.
　　　　그런데 도쿄 시부야와 하라주쿠와는 어느 쪽이 번화한가요?
기무라 : 양쪽 다 번화한 거리지만 저는 시부야 쪽이 좋아요.
　　　　CD가게가 많아서요.

표현연습

Part 1

1. ① 김태우씨는 일본 노래를 잘합니다.
   ② 이토씨는 한국 대중가요를 좋아해요.
   ③ 이 도서관은 항상 조용합니다.

2. ① 전에는 로큰롤을 좋아했습니다.
   ② 이전에는 고기를 싫어했어요.
   ③ 어렸을 때는 매운 것을 못 먹었어요.

3. ① 노래는 잘 못합니다.
   ② 역 근처는 조용하지 않아요.
   ③ 지금도 운전을 잘하지 못해요.

4. ① 저도 전에는 잘하지 못했습니다.
   ② 전에는 번화하지 않았어요.
   ③ 영어는 싫어하지 않았어요.

5. ① 양쪽 다 번화한 거리입니다.
   ② 그녀는 유명한 가수에요.
   ③ 건강한 아기군요.

Part 2

6. ① 도쿄와 서울, 어느 쪽이 덥습니까?
   ② 지하철과 택시, 어느 쪽이 빨라요?
   ③ 도쿄의 시부야와 하라주쿠, 어느 쪽이 번화한가요?

7. ① 서울의 겨울은 이전만큼 춥지 않습니다.
   ② 형은 동생만큼 키가 크지 않아요.
   ③ 옆방은 이 방만큼 넓지 않아요.

제8과 대개 밖에서 먹어요.

Part 1

이 토   : 기무라씨는 휴일날, 식사는 직접 만드세요?
기무라 : 아뇨, 별로 안 만들어요. 대개 밖에서 먹어요.
         한국은 싸고 맛있는 식당이 많이 있으니까요.
이 토   : 어디에 잘 가세요?
기무라 : 학교 근처에 있는 「우리식당」에 자주 가요.
         식사 후 가게 아주머니와 한국어로 이야기도 합니다.
이 토   : 그거 좋네요. 전 값이 싸서 항상 학생식당에서 먹어요.
         과식할 때가 많지만….

Part 2

기무라 : 이윤미씨, 오늘 밤 뭐 하세요?
이   : 모레 시험이 있어서 방에서 공부할거에요.
         기무라씨는 뭐할 예정인데요?
기무라 : 전 외출할 예정입니다. 홍대앞에서 친구와 만날 거에요.
이   : 지하철로 가세요?
기무라 : 아뇨, 버스로 갈 거에요

표현연습

Part 1

1. ① 대개 밖에서 먹습니다.
   ② 학생식당에 자주 가요.
   ③ 매일 운동을 합니다.

2. ① 식사는 별로 안 만들어요.
   ② 일요일은 학교에 가지 않아요.
   ③ 비오는 날은 나가지 않아요.

3. ① 식사는 직접 만듭니까?
   ② 어디서 쇼핑을 하세요?
   ③ 매일 공원을 달리나요?

4. ① 값이 싸서 늘 학생식당에서 먹습니다.
   ② 맛있어서 과식할 때가 많아요.
   ③ 일본 애니메이션은 재미있어서 자주 봅니다.

Part 2

5. ① 오늘밤 뭐 합니까?
   ② 내일 친구와 만납니까?
   ③ 언제 고향에 돌아갑니까?

6. ① 모레 시험이 있어서 방에서 공부할 거에요.
   ② 별로 돈이 없어서 비싼 것은 안삽니다.
   ③ 지하철 2호선 쪽이 편리하기 때문에 가끔 이용합니다.

7. ① 기무라씨는 뭐 할 예정입니까?
   ② 일본영화를 볼 예정입니다.
   ③ 택시를 탈 때도 있습니다.

제9과 주말에는 뭐 했어요?

Part 1

기무라 : 이윤미씨, 주말에는 뭐 했어요?
이   : 일본에서 이토씨 친구가 관광하러 와서 서울의 여러 곳을
         안내했어요.
기무라 : 그러세요. 어디에 갔었나요?
이   : 먼저 경복궁에 갔어요. 거기서 수문장 교대식을 봤어요.
         그리고 나서 인사동이랑 명동에서 쇼핑을 했어요.
기무라 : 남산타워는 갔었어요?
이   : 시간이 없어서 남산타워에는 못 갔어요.
기무라 : 식사는 어떻게 했어요?
이   : 종로에서 삽겹살도 먹었고 소주도 마셨어요.
         이토씨 친구는 술이 아주 셌어요.

Part 2

사이토선생님
안녕하세요? 이윤미입니다. 저는 지금 홋카이도에 있습니다. 설경이 너무 아름다워요. 어제는 오타루를 관광했습니다. 오타루는 운하가 유명하지만, 전 우선 「러브레터」의 촬영지에 갔습니다. 영화 장면을 많이 떠올렸어요. 점심은 해물덮밥을 먹었습니다. 정말 맛있었어요. 내일은 노보리베츠 온천에 갑니다.
선생님도 아무쪼록 감기 조심하세요. 이만 실례하겠습니다.

                                          1월 27일   이윤미

표현연습

Part 1

1. ① 여러 곳을 안내했습니다.
   ② 사진을 많이 찍었습니다.
   ③ 일본 만화를 많이 읽었어요.

2. ① 남산타워에는 가지 않았습니다.
   ② 단 것은 먹지 않았어요.
   ③ 올 겨울방학에는 고향에 돌아가지 않았습니다.

3. ① 친구가 관광하러 왔습니다.
   ② 백화점에 쇼핑하러 갔어요.
   ③ 식사 후 산책하러 나갑니다.

4. ① 삼겹살도 먹었고 소주도 마셨습니다.
   ② 하라주쿠에도 갔었고 오다이바에도 갔어요.
   ③ 직접 요리도 만들었고 테이블 세팅도 했어요.

Part 2

5. ① 아무쪼록 감기 조심하세요.
   ② 어서 들어오세요.
   ③ 잠시만 기다려 주십시오.

6. ① 실례하겠습니다.
   ② 협력하겠습니다.
   ③ 안내하겠습니다.

제10과 함께 참가하지 않겠습니까?

Part 1

이   : 기무라씨, 다음달에 「한일교류축제」라는 이벤트가 있습니다만,
        함께 참가하지 않겠습니까?
기무라 : 「한일교류축제」라는 건 뭔가요?
이   : 일본과 한국의 전통적인 축제를 소개하는 이벤트예요.
        퍼레이드랑 여러 무대가 있어요. 정말 활기차요.
        일본에서도 참가단체가 많이 오고요.
기무라 : 와, 꼭 보고 싶어요. 그래서 우리들은 뭘 하는 건가요?
이   : 우리들은 학생자원봉사자로서 통역이나 안내하는 일을 돕습니다.
        친구가 많이 생겨요.
기무라 : 좋네요. 김태우씨와 이토씨도 같이 가자고 합시다.

Part 2

김 : 이토씨, 내일 일본 애니메이션 보러 가지 않을래요?
이토 : 내일은 사정이 좀 그런데요. 무슨 애니메이션인데요?
김 : 「벼랑 위의 포뇨」에요.
이토 : 미야자키 하야오 애니메이션이로군요. 저도 보고 싶었는데요. 다음에 다시….

표현연습

Part 1

1. ① 함께 참가하지 않겠습니까?
   ② 다 같이 영화 보러 안 갈래요?
   ③ 좀 쉬지 않을래요?

2. ① 「한일교류축제」란 건 뭔가요?
   ② 「오타쿠」란 건 뭔가요?
   ③ 「코스프레」란 건 뭔가요?

3. ① 꼭 보고 싶습니다.
   ② 일본에 여행하고 싶어요.
   ③ 커피 마시고 싶어요.

4. ① 그래서 우리들은 뭘 하는 건가요?
   ② 그래서 이토씨는 언제 오는 건가요?
   ③ 그래서 누가 가는 겁니까?

5. ① 학생자원봉사자로서 돕는 일을 합니다.
   ② 학과 대표로 참가해요.
   ③ 선배로서 충고하는 경우도 있어요.

6. ① 이토씨도 같이 가자고 합시다.
   ② 저 가게에서 삽시다.
   ③ 오늘은 지하철로 돌아가죠.

Part 2

7. ① 일본 애니메이션을 보러 가지 않을래요?
   ② 저는 한국어를 배우러 왔어요.
   ③ 아르바이트를 하러 나가요.

8. ① 무슨 애니메이션입니까? 「벼랑 위의 포뇨」입니다.
   ② 무슨 나무에요? 아카시아에요
   ③ 무슨 곡이에요? 「시키노우타(사계의 노래)」입니다.

제11과 지금 운동장에서 축구를 하고 있어요.

Part 1

김　　　: 여보세요, 기무라씨. 지금 뭐 하고 있어요?
기무라 : 아무것도 안하고 있어요. 기숙사 방에 있어요.
김　　　: 실은 지금 운동장에서 축구를 하고 있는데요.
　　　　　멤버가 모자라니까 기무라씨 꼭 와주세요.
기무라 : 물론 좋죠. 바로 갈게요.

　　　　　　　　　　*　*　*

이　　　: 기무라씨, 저도 응원하고 있을게요. 잘 하세요!
기무라 : 고마워요. 어? 이토씨는?
이　　　: 저쪽에서 시합사진을 찍고 있어요.
기무라 : 어, 그러네. 그럼 다녀올게요.

Part 2

관광객 : 잠시 실례합니다. 여기서 신촌 코스모스백화점까지 가고 싶은데요.
김　　　: 신촌 코스모스백화점 말씀이세요? 우선 여기서 지하철 1호선을 타고
　　　　　시청역까지 가세요.
관광객 : 시청역….
김　　　: 네, 시청역에서 2호선으로 갈아타고 신촌역에서 내려 1번 출구로
　　　　　나가세요. 바로 백화점이 보일 거에요.
관광객 : 정말 고맙습니다. 일본어를 참 잘하시네요.
김　　　: 고맙습니다. 지금 대학에서 공부하고 있거든요.

표현연습

Part 1

1. ① 지금 운동장에서 축구를 하고 있는데요.
　 ② 아버지는 지금 신문을 읽고 있습니다.
　 ③ 남동생은 음악을 듣고 있어요.

2. ① 잠깐 기다려 주세요.
　 ② 또 오세요.
　 ③ 창문을 닫아 주세요.

Part 2

3. ① 시청역에서 2호선으로 갈아타고 신촌역에서 내려 1번 출구로 나가세요.
   ② 서점에 들러 책 2권을 사서 집에 돌아왔습니다.
   ③ 집에 돌아와서 목욕하고 11시쯤 잤습니다.

4. ① 일본어를 참 잘하시네요.
   ② 블라우스가 참 예쁘네요.
   ③ 모자가 너무 멋있군요.

제12과 뮤지컬을 본 적이 있습니까?

Part 1

이　　 : 기무라씨, 뮤지컬을 본 적이 있습니까?
기무라 : 네, 도쿄에서 한번 본 적 있어요. 극단사계의 「캣츠」를 봤습니다.
이　　 : 그러세요. 그거, 서울에서도 했어요. 요즘 한국에서도 뮤지컬이 아주 인기가
         있거든요. 기무라씨는 대학로에 가본 적 있어요?
기무라 : 네, 지난주에도 갔었어요. 소극장도 많이 있고 노상 라이브 등도 있고
         너무 재미있는 곳이더군요.
이　　 : 다음엔 같이 대학로에 가서 연극이라도 보지 않겠어요?
기무라 : 아, 그렇게 합시다. 기대할게요.

Part 2

이　 : 어제, 친구 결혼식이 있었거든요.
이토 : 친구가 결혼했어요? 빠르네요.
이　 : 네. 20살 신부예요. 이토씨는 한국에서 결혼식에 가본 적 있어요?
이토 : 아직 가본 적 없어요. 하지만 드라마에서 한국의 전통적인 결혼식을 본 적은
        있어요. 결혼식의상이 너무 아름다웠어요.

표현연습

Part 1

1. ① 뮤지컬을 본 적이 있습니까?
   ② 홈스테이를 한 적 있습니다.
   ③ 이 노래는 한번 들은 적 있어요.

2. ① 같이 연극이라도 보지 않을래요?
   ② 같이 식사라도 하고 싶은데요.
   ③ 차라도 마시죠.

Part 2

3. ① 친구가 결혼했습니까?
   ② 회사를 그만두었습니까?
   ③ 또 수업에 지각했어요?

4. ① 아직 가본 적 없습니다.
   ② 아직 신간선을 타본 적 없어요.
   ③ 스피치대회에 참가한 적은 없어요.

연습문제 정답

연습문제 정답

제1과 일본어의 문자와 발음

1. ① き ② ろ ③ せ ④ な ⑤ づ

2. ① プ ② ヌ ③ ア ④ ミ ⑤ ゴ

3. ① (○)   ② (×)   ③ (○)
   ④ (○)   ⑤ (×)   ⑥ (×)
   ⑦ (×)   ⑧ (○)   ⑨ (○)
   ⑩ (○)   ⑪ (○)   ⑫ (×)
   ⑬ (×)   ⑭ (×)   ⑮ (×)

4. ① コーヒー   ② ラジオ   ③ テレビ
   ④ ソウル   ⑤ アメリカ ⑥ ジュース
   ⑦ キムチ   ⑧ ボールペン
   ⑨ デパート   ⑩ コンピューター

제2과 どうぞよろしく

1. ① わたし ② せんこう ③ れきし ④ にほんご ⑤ しゅみ
   ⑥ 英語   ⑦ 学生   ⑧ 友達   ⑨ 学科   ⑩ 一年生

2. ① こちらは木村さんです。
   ② 金さんは1年生です。
   ③ 陳さんは中国人です。

3. ① はい、大学生です。
   ② いいえ、2年生ではありません。1年生です。
   ③ はい、サッカーです。
   ④ いいえ、コンピューターではありません。生命工学です。

4. ① はじめまして。私は○○○です。
   ② こちらこそ、どうぞよろしくお願いします。
   ③ 私の専攻は日本語ではありません。

제3과　これは韓国のお餅です

1. ① (お)ちゃ　② (お)もち　③ じむしつ　④ (バス)てい　⑤ となり
   ⑥ 日本語　⑦ 韓国　⑧ 建物　⑨ 後ろ　⑩ 何

2. ① それは電子辞書です。
   ② これはMP3プレーヤーです。
   ③ あれは家族の写真です。

3. ① A：すみません、コンピューター室はどこですか。
      B：あちらです。
   ② A：すみません、コンビニはどこですか。
      B：大学の前です。
   ③ A：すみません、本田先生の研究室はどこですか。
      B：6階です。

4. ① これは日本の雑誌です。
   ② すみません、郵便局はどこですか。
   ③ お手洗いは、あの階段の後ろです。

제4과　ボールペンはありますか

1. ① ばいてん　② ぶんぼうぐ　③ たべもの　④ だれ　⑤ いっかい
   ⑥ 本屋　⑦ 外　⑧ 机　⑨ 上　⑩ 中

2. ① A：ビールはありますか。
      B：はい、あります。
   ② A：猫はいますか。
      B：いいえ、いません。
   ③ A：女の人はいますか。
      B：はい、います。
   ④ A：日本のまんがはありますか。
      B：いいえ、ありません。
   ⑤ A：電子辞書はありますか。
      B：いいえ、ありません。
   ⑥ A：サンドイッチはありますか。
      B：はい、あります。
   ⑦ A：店員はいますか。
      B：はい、います。
   ⑧ A：男の人はいますか。
      B：いいえ、いません。

3. ① A：お手洗いはどこですか。
   　B：こちらです。
   ② A：伊藤さんはどこですか。
   　B：学生食堂です。
   ③ A：日本語の辞書はどこですか。
   　B：机の上です。
   ④ A：金さんはどこですか。
   　B：図書館です。

4. ① 学生食堂はこの建物の2階にあります。
   ② 売店には食べ物や文房具などがあります。
   ③ 今、事務室には誰もいません。

제5과　僕の誕生日は 12月24日です

1. ① たんじょうび　② こども　③ はたち　④ けいたい　⑤ つぎ
   ⑥ 番号　　　　⑦ 会話　　⑧ 何時　　⑨ 授業　　⑩ 月曜日

2. ① A：誕生日はいつですか。
   　B：9月3日(くがつみっか)です。
   ② A：英語の試験はいつですか。
   　B：来週の金曜日です。
   ③ A：次のオリンピックはいつですか。
   　B：2012年(にせんじゅうにねん)です。

3. ① A：郵便局は何時から何時までですか。
   　B：午前9時から午後7時までです。
   ② A：デパートは何時から何時までですか。
   　B：午前10時から午後8時までです。
   ③ A：アルバイトは何時から何時までですか。
   　B：午後4時から9時までです。

4. ① 日本語のクラスは、月曜日と水曜日にあります。
   ② すみません、ここの電話番号は何番ですか。
   ③ 日本の銀行は、午前9時から午後3時までです。

제6과　キムチチゲがおいしいです

1. ① りょうり　② おおい　③ からい　④ とくに　⑤ むずかしい
   ⑥ 昨日　　　⑦ 高い　　⑧ 安い　　⑨ 食堂　　⑩ 人

2. ① はい、難しいです。
   ② はい、多いです。
   ③ いいえ、忙しくありません。

3. ① はい、楽しかったです。
   ② はい、かわいかったです。
   ③ いいえ、寒くありませんでした。
   ④ いいえ、多くありませんでした。

4. ① この青いセーターをください。
   ② 英語の試験はちょっと難しかったです。
   ③ 昨日の映画はあまり面白くありませんでした。

제7과　日本の歌が上手ですね

1. ① おんがく　② ぼく　③ きょく　④ あつい　⑤ まち
   ⑥ 歌　⑦ 夏　⑧ 東京　⑨ 冬　⑩ 上手

2. ① 木村さんはサッカーが好きですね。
   ② 朴さんはどんな食べ物が嫌いですか。
   ③ 伊藤さんは辛いものが苦手ですね。
   ④ 李さんはどんな科目が得意ですか。

3. ① A：この店とあの店とどちらが安いですか。
      B：あの店の方が安いです。
   ② A：弟と兄とどちらが背が高いですか。
      B：弟の方が背が高いです。
   ③ A：コーヒーと紅茶とどちらが好きですか。
      B：コーヒーの方が好きです。

4. ① 好きな果物は何ですか。
   ② 前は数学が苦手でした。
   ③ 私は夏より冬の方が好きです。雪が多いですから。

제8과　たいてい 外で食べます

1. ① つくる　② はなし　③ べんきょう　④ よてい　⑤ あう
   ⑥ 食事　⑦ 後　⑧ 今晩　⑨ 試験　⑩ 地下鉄

2. ① あいます　② かきます　③ のります　④ のみます
   ⑤ たちます　⑥ みます　⑦ かえります　⑧ およぎます

⑨ くる　　⑩ ねる　　⑪ する　　⑫ よむ
⑬ はなす　⑭ しぬ　　⑮ おきる　⑯ あそぶ

3. ① いいえ、あまり出かけません。
   ② はい、(よく)食べます。
   ③ はい、(毎朝 ジョギングを)します。
   ④ いいえ、あまり見ません。

4. ① 休みの日は、たいてい何時頃起きますか。
   ② この近くには、広くて静かな部屋があまりありません。
   ③ 週末には日本人の友達に会う予定です。

제9과　週末は何をしましたか

1. ① しゅうまつ　② かんこう　③ さけ　④ おんせん　⑤ かぜ
   ⑥ 案内　　　　⑦ 景色　　　⑧ 有名　⑨ 映画　　　⑩ 失礼

2. ① いっしょに食事もしましたし、写真も撮りました。
   ② メールも送りましたし、電話もかけました。
   ③ 買い物もしましたし、銀行にも寄りました。

3. ① お入りください。
   ② おかけください。
   ③ お使いください。

4. ① 時間がなかったので、タクシーに乗りました。
   ② 昨日は誰も来ませんでした。
   ③ 林さんは食事に出かけました。

제10과　いっしょに参加しませんか

1. ① まつり　② でんとうてき　③ だんたい　④ さそう　⑤ つごう
   ⑥ 交流　　⑦ 参加　　　　　⑧ 紹介　　　⑨ 通訳　　⑩ 手伝い

2. ① 冷たいものが飲みたいです。
   ② 日本語の教師になりたいです。
   ③ 銀行で働きたいです。

3. ① b　② a　③ c

4. ① 私もいっしょに行きたかったんですが。
   ② 10分後、1階のロビーで会いましょう。
   ③ 鈴木アヤという友達がいます。

제11과　今、グラウンドでサッカーをしているんです

1. ① りょう　② たりない　③ とる　④ ほんとう　⑤ のりかえる
   ⑥ 応援　⑦ 試合　⑧ 写真　⑨ 駅　⑩ 出口

2. ① はいっている　② きいている　③ のっている　④ よんでいる　⑤ いっている
   ⑥ おきている　⑦ かえっている　⑧ まっている　⑨ きている　⑩ しんでいる
   ⑪ あそんでいる　⑫ はしっている　⑬ おもっている　⑭ およいでいる

3. ① 日本語を教えています。
   ② まだ電気がついています。
   ③ プールで泳いでいます。

4. ① 木村さんはアメリカにいる友達に手紙を書いています。
   ② 眼鏡をかけている人が店長です。
   ③ 私も応援するから(しますので)、頑張ってください。

제12과　ミュージカルを見たことがありますか

1. ① しき　② しょうげきじょう　③ ろじょう　④ せんしゅう　⑤ いしょう
   ⑥ 最近　⑦ 人気　⑧ 楽しい　⑨ 結婚　⑩ 花嫁

2. ① はしった　② おいた　③ とった　④ やすんだ　⑤ いった　⑥ みた　⑦ およいだ
   ⑧ もった　⑨ かった　⑩ しんだ　⑪ よんだ　⑫ あった　⑬ きた　⑭ はなした

3. ① 映画の試写会へ行ったことがあります。
   ② ヨーロッパへ行ったことはありません。
   ③ 料理を習ったことはありません。
   ④ 着物を着たことがあります。

4. ① 歌舞伎を見たことは一度もありません。
   ② この公園は静かだし、きれいだし、また来たいところですね。
   ③ みんなで小さい(小さな)プレゼントでもしましょうか。

 저자약력

윤상실(尹相實)

- 한국외국어대학교 일본어과 졸업
- 홋카이도대학 대학원 문학연구과 졸업(문학박사)
- 현대일본어문법 전공
- 현재 명지대학교 일어일문학과 교수
- 저서:『現代日本語のモダリティ』제이앤씨 2005
  『활용을 위한 일본어문법』제이앤씨 2008

오찬욱(吳讚旭)

- 한국외국어대학교 일본어과 졸업
- 도쿄도리쓰대학 대학원 문학연구과 졸업(문학박사)
- 일본중세설화문학 전공
- 현재 명지대학교 일어일문학과 교수
- 저서:『古今著聞集硏究』제이앤씨 2005
  『헤이케 이야기1』『헤이케 이야기2』(역서) 문학과지성사 2006

미야자키 사토코(宮崎聡子)

- 가카와대학 교육학부 졸업
- 오카야마대학 대학원 문학연구과 수료(문학석사)
- 현대일본어문법 전공
- 현재 명지대학교 일어일문학과 원어민회화교수
- 저서:『聞く・考える・話す 留学生のための初級にほんご会話』『聞く・考える・話す
  留学生のための初級にほんご会話 敎師用』(공저) スリーエーネットワーク 2007

NEW 커뮤니케이션을 위한 **캠퍼스 일본어** Level 1

초판 1쇄 인쇄　2013년 2월 20일
초판 1쇄 발행　2013년 2월 28일

저　　자　윤상실·오찬욱·미야자키 사토코
발 행 처　제이앤씨
발 행 자　윤석현
등　　록　제7-220호

주　　소　132-040 서울시 도봉구 창동 624-1 현대홈시티 102-1106
전　　화　(02) 992-3253(代)
팩　　스　(02) 991-1285
전자우편　jncbook@hanmail.net
홈페이지　http://www.jncbook.co.kr
책임편집　김진화·이신
일러스트　변아롱

ⓒ 윤상실·오찬욱·미야자키 사토코 2013 All rights reserved. Printed in KOREA

* 이 책의 내용을 사전 허가없이 전재하거나 복제할 경우 법적인 제재를 받게 됨을 알려 드립니다.
* 잘못된 책은 구입하신 서점이나 본사에서 교환해 드립니다.

ISBN　978-89-5668-931-9 13730　　　　정가 13,000원